Erster Weltkrieg

Kriegssplitter aus Hamburg

in

Wort und Bild

Hannelore & Edwin Kuna

Bibliografische Information: Die Deutsche Nationalbibliothek verzeichnet diese Publikation in der Deutschen Nationalbibliografie; detaillierte bibliografische Daten sind im Internet über WWW.dnb.d-nb.de abrufbar.

ISBN: 978-3-942916-74-5

Haff-Verlag, Dr. Edwin Kuna

17375 Grambin
Dorfstraße 63

Inhalt

1 Prolog

Mit dem Ersten Weltkrieg 1914 endete für die Deutschen nach 43 Jahren der Frieden.
Waren die Menschen auf diesen großen Krieg vorbereitet? Ganz bestimmt nicht.
Doch die Welt war schon längere Zeit in ihren Grundfesten erschüttert, Wirtschaftskrisen in den Ländern, europäisches Wettrüsten und dann die Balkankriege 1912-13. Die deutsche Aufrüstung des Heeres konnte nicht unbemerkt geblieben sein, auch nicht in Hamburg. Die im Reichstag regierenden großen Parteien, außer der SPD, begrüßten die militärische Aufrüstung uneingeschränkt, und förderten sie. Für den Wehrbeitrag steuerte die wohlhabende Oberschicht Deutschlands einen enormen finanziellen Anteil, die „kleinen" Leute kamen vorläufig davon, was sich mit Kriegseintritt radikal änderte. Denn wer bezahlte später all die regelmäßigen Liebesgabensammlungen, Kriegsanleihen, Goldspenden, usw. Die Menschen wurden regelrecht bis auf den letzten Groschen ausgequetscht.

Die Rüstung 1913-14 brachte einigen Wirtschaftsbranchen kräftige Unternehmensgewinne und so entstanden wichtige Arbeitsplätze für die Arbeiterschaft; was ein Faktor war, um die aufziehende Kriegsgefahr in Deutschland zu verschleiern. 1913 befanden sich auf deutschen Werften 35 Kriegsschiffe im Bau (ohne U-Boote), 13 konnten fertiggestellt werden.

Im Stadtstaat Hamburg standen die städtischen Militärvereine wie der Marine- und Wehrverein, die Kriegervereine; aber auch die Turnvereine und ein Großteil der Stadtbürgerschaft hinter den Rüstungsaktivitäten von Heer und Staat, die überwiegende Mehrheit der

Bevölkerung zeigte sich zeitgemäß kaisertreu.

Hamburg repräsentierte sich vor dem Ersten Weltkrieg durch urbanes Wachstum und konnte auf bedeutende wirtschaftliche Erfolge verweisen, stellte sich durch den globalen Welthandel über die Meere als ein internationales Gemeinwesen dar. Welthandel, Schifffahrt, Schiffbau mit 8 größeren Werften; Fremdenverkehr, Handwerk und Industriezweige blühten auf.

Seefahrt und Welthandel versorgten Deutschland mit Waren aus Übersee, aus dem Mittelmeerraum, aus Afrika sowie Asien: mit Südfrüchten, Kakao, Kaffee, Tee, Fisch, Reis, Gewürzen, Tabak, Baumwolle, Erdöl, Hanf, Häute und Felle, Kautschuk, Kupfer, Chile-Salpeter, Steinkohlen, Tropenholz, Seide u.a. mehr. 1913 liefen 15.073 Schiffe ein und 16.627 verließen den Hamburger Hafen. Von seewärts besaß die Wareneinfuhr 1913 einen Wert von 4.716.186.100 Mark. 12 See-Versicherungsgesellschaften auf Aktienbasis schützten die Reedereien und Großhändler vor Transportverlusten.

Die bedeutendsten europäischen Handelspartner, deren Waren über Hamburg liefen, waren Großbritannien, Frankreich, Russland, Italien und Rumänien, die späteren Kriegsgegner.

Die eigene Kauffahrteiflotte fuhr mit 1.320 Fahrzeugen einschließlich Binnenschifffahrt, darunter 765 Dampfer.

Am deutschen Seeverkehr war Hamburg mit 42 Prozent beteiligt und von dem außereuropäischen Verkehr nach deutschen Häfen mit sieben Zehntel. Vom Gesamtbestand der deutschen Handelsflotte von etwa 5 Millionen BRT entfielen auf Hamburg 3 Millionen und auf Hamburg und Bremen zusammen 4,5 Mill., also fast 90 Prozent.

Jährlich betrug die Zahl der An- und Abmusterungen der Seemänner um die 80.000. Die größte Reederei, die Hamburg-Amerika Linie, hatte im März 1914 einen Flottenbestand von 194 Dampfern, unternahm 1913 1.109 Seereisen auf 8.985.799 Seemeilen (16.641.700 km), beförderte 463.571 Passagiere und 8.297.141 Tonnen Frachtgüter.

Im Vergleich zu diesem Wirtschaftszweig fehlte der Industrie die Breite. Die Anzahl der industriellen Arbeitsplätze entsprach (nur) dem Stellenumfang im Bereich Handel, Gastwirtschaft und Verkehr (einschließlich von 40-70 Tausend Beschäftigten im Hafen). Auf 100 Beschäftigte kamen 38 Industriearbeiter, damit blieb Hamburg hinter Bremen (43), Lübeck (41), Braunschweig (39,8) sowie hinter den Bundesstaaten Sachsen (56,3), Thüringen (46,4), Schaumburg-Lippe(41,5) und Hessen (39,4) zurück. Der hohe Stellenwert der Handelsgeschäfte war sicher eine hanseatische Novität im Kaiserreich.

In vielen Stadtteilen zeugten große Bau- und Infrastrukturprojekte vom Wohlstand des Gemeinwesens. Prosperität überall? Nein. Dieser Wohlstand erfasste keineswegs alle gesellschaftlichen Schichten. Dieses Hamburg vor dem Ersten Weltkrieg war höchst ambivalent, reich und arm zugleich und dazwischen lebten Tausende Menschen mit ausreichendem Einkommen, das Bürgertum und eine aristokratische Arbeiterschicht. Das änderte auch der Krieg nicht. Nach einer Steuerstatistik von 1916 hatten von 234.299 Steuerzahlern 197.163 Personen, 84,48 Prozent, ein Jahreseinkommen unter 4000 Mark und viele näherten sich dem Existenzminimum (in Hamburg für 1916 bei 2000 Mark).

Doch auf ihre Errungenschaften waren die Hanseaten äußerst stolz und blickten etwas „hochmütig" auf das ferne politische Berlin. Von 1890 mit rund 622.000 Einwohnern wuchs die Stadt um 1910 auf über eine Million an. Die letzte Bevölkerungsstatistik kurz vor dem Krieg stammte vom 11. Juli 1914, meldete 1.103.152 Personen.

Der Einwohnerzugewinn erfolgte wesentlich durch Zuwanderung, weniger durch die Steigerung der Geburtenrate. Hamburg ist nicht durch sich allein groß geworden. Fast die Hälfte der Einwohnerschaft war nicht in Hamburg geboren, sondern irgendwann zugezogen, auf der Suche nach Arbeit und den Verlockungen der Großstadt gefolgt.

Hamburg bot viele Arbeitsgelegenheiten in enger Verflechtung mit seinen Welthandels- und Schifffahrtsinteressen. Neben den Import- und Exportgeschäften ragte der Schiffbau heraus. Die „Vulkan-Werke Hamburg u. Stettin AG" lieferten im Februar 1918 ihr 500. Schiff aus. Mit Einschluss des Umlandes, der preußischen Städte Altona, Harburg und Wandsbeck oder Teilen der Landkreise York, Pinneberg, Storman und Herzogtum Lauenburg, bildete sich ein gemeinschaftlicher Wirtschaftsraum. Die Wandsbecker Reinhard-Werke produzierten Kakao und Schokolade (mit 1000 Arbeitskräften) und in Altona konzentrierte sich die Fischverarbeitung und Eisenindustrie.

In Hamburg entstand schneller und mehr Wohnraum als im preußischen Gebiet, in Hamburg zahlten Klein- und Großunternehmer, Aktiengesellschaften, Grundstücksbesitzer und Mieter teilweise weniger Steuern, entrichteten niedrigere Gas- und Wasserpreise usw.

Der hamburgische Staat bot einige Vorteile.

Wohnen in einem Staat und arbeiten im anderen Staat oder umgekehrt. Wo gab es das noch einmal im Kaiserreich? Diese Gemengelage Unterschied die Groß-Hamburg-Frage von der Groß-Berlin-Frage vor 1914.

Die Stadtzentren von Hamburg und Altona grenzten aneinander, die Gemeindegrenze war zugleich Staatsgrenze sowie Zollgrenze, Hamburg wuchs und Altona stagnierte betreffs der Einwohnerzahl.

Einen geringen Teil der Zuwanderung leisteten Ausländer. Beteiligt war auch das Militär. Nach Absolvierung der zweijährigen Militärdienstzeit in den Garnisonen von Hamburg, Harburg und Altona blieben viele junge Männer hier, um sich eine neue Existenz aufzubauen.

Nach der Volkszählung von 1910 wohnten im hamburgischen Staatsgebiet 56,49 % gebürtige Hamburger, 40,73 % nicht hamburgische Deutsche und 2,78 Ausländer. Aus Europa hielt Dänemark die Spitze, gefolgt von England und Russland (etwa 2000).

Aber dann kam das Jahr 1914 und als sich in der Julikrise 1914, angefangen mit dem Attentat von Sarajewo am 28. Juni durch serbische Extremisten und den folgenden politischen Verkettungen in den entscheidenden Tagen vom 31. Juli und 1. August die politischen Ereignisse überschlugen, versagten da Politik und Diplomatie? Waren die Menschen tatsächlich „plötzlich" vor vollendeten Tatsachen gestellt worden?

Krieg? Bis zur letzten Entscheidung, ja bis zur verstrichenen Frist fanden sich aufgewühlte Menschenmassen aus verschiedensten sozialen Schichten auf freien Plätzen zusammen, auch hier in Hamburg gab es Volksversammlungen der Sozialdemokraten gegen den Krieg. Aber die Erwartung der Arbeiterschaft auf eine geschlossene internationale, solidarische Haltung gegen den Waffengang, wie auf zahlreichen Friedenskongressen vor 1914 beschworen, wurde weitgehend enttäuscht.

Diese Tage vor dem Kriegsausbruch verliefen für die Menschen in Hamburg, Harburg oder Altona dramatisch.

In Berlin rief am 31. Juli der Kaiser den „drohenden Kriegszustand" aus und am Abend traf die Nachricht in Hamburg ein.

Am Ende traf Monarch Kaiser Wilhelm II. am 1. August in Berlin, auf Drängen von Generalfeldmarschall von Moltke und Anraten von Reichskanzler Theobald von Bethmann Hollweg, die Kriegsentscheidung für 65 Millionen Deutsche, sodass er die Mobilmachung ausrief und am nächsten Tag das Kaiserreich militärisch mobil machte.

Deutschland erklärte am 1. August 1914 Russland und per 3. August 1914 Frankreich den Krieg. Millionen glaubten ihrem „Friedenskaiser" und auch an die Unschuld Deutschlands.

Seit der Reichsgründung 1871 strebte das geeinte Deutschland keine Weltmacht an, sondern entwickelte sich zur „Deutschland-Macht". Mit seiner modernen Industrie, dem Aufschwung der Seefahrt, den Erfolgen in der Wissenschaft und der deutschen Kultur gelang dies überzeugend in Europa. Selbstredend rief das Neid unter den anderen europäischen Großmächten hervor, aber ein wenig isolierte sich das Kaiserreich auch selbst von England, Frankreich und Russland.

Nun war der Krieg da. Am 2. August überschritt das deutsche Heer völkerrechtlich die Grenze Luxemburgs

und marschierte am 4. August in Belgien ein.
Mit Kriegsausbruch wurde alles anders, nach der militärischen Mobilmachung kam die geistige Mobilmachung hinzu. Jetzt zählte nicht nur das Kaiserwort, sondern auch das Gotteswort. Die Geistlichen aller Glaubensrichtungen, voran die evangelischen Pfarrer, sakralisierten den Krieg, stellten sich an die Spitze der vielen den Krieg bejahenden Bildungsbürger und unterstützen die deutsche Kriegspropaganda. Bis vor dem Krieg war die hamburgische Kirchenausrichtung eher liberal als dogmatisch, was sich jetzt schlagartig änderte.

„Mit Gott, Kaiser und Vaterland" schallte es ab August 1914 aus den Kirchen. Nach den Worten des Michaelispredigers August Wilhelm Hunziger (1871-1920) stand die deutsche evangelische Kirche „als Träger, Pfleger, Verkünder und Bildner des neuen Geisteslebens ... vor der Existenzfrage ... " Auf die Selbsterhöhung prallte das Schwert des Auslands, allerdings ebenso propagandistisch und undifferenziert. Denn die Kirche war nicht das deutsche Volk und das Volk war nicht die Kirche.

> Am 7. März 1917 erwiderte der Historiker Prof. Ernest Lavisse (1842-1922), Mitglied der Académie française, in Paris in einem Vortrag:
>
> Dieses Volk ist des Hochmuts voll. Es glaubt von seinem Gott beauftragt zu sein, zu herrschen und die Welt zu retten; es glaubt dazu verpflichtet zu sein, oder es glaubt viel mehr, dass seine natürliche Überlegenheit über die anderen Völker es zur Weltherrschaft bestimmt. Dieses Volk

ist beherrscht von einem Militär, vererbten Militär, der aus der Überlieferung erobert und der größten Militärmacht befehligt, die die Welt je gekannt hat.

Genau 1563 Tage sollte der Erste Weltkrieg dauern, was anfangs von den Zeitgenossen niemand weder ahnte noch glaubte. Das waren vier und ein viertel Jahr, angefangen von der Mobilmachung am 1. August 1914, im kraftstrotzenden Wilhelminischen Kaiserreich bis zur Unterzeichnung des Waffenstillstandes von Compiègne am 11. November 1918, da war Deutschland nicht nur am Ende seiner militärischen Kräfte gelangt.

Eine überschaubare Zeit im Angesicht eines Menschenlebens, im Nachhinein, doch für alle Beteiligten, die den mörderischen Krieg miterlebten, unendlich lang - auch für die noch jüngere Generation, für die Kinder.

Aber welche Auswirkungen brachte die Kriegszeit im Inland, an der Heimatfront, und was ist in die Geschichte eingegangen? Denn kein feindlicher, bewaffneter Soldat betrat hamburgischen Boden, keine Bomben fielen auf norddeutsche Städte. Der Norden blieb von direkten militärischen Kriegshandlungen verschont. Und doch hatte der Erste Weltkrieg tiefe Narben und großes Entsetzen bei den Menschen hinterlassen.

Kaum eine Familie blieb verschont von den Kriegsauswirkungen. Kaum eine Familie, die nicht einen persönlichen Verlust erlitten hatte, gleich ob an der Front oder im Hinterland. Überall breitete sich der Hunger und Elend aus, die Menschen wurden ideologisch manipuliert, alles, aber auch das letzte Stückchen Brot für den Kampf zu geben.

Über Generationen hinweg wurden bruchstückhafte Leidens- und Mutgeschichten an die Enkel weitererzählt, viele Ereignisse aber blieben unerzählt.

Denn was geschah mit Kriegsausbruch zu Hause? Die militärische Mobilmachung und der Aufmarsch von 8 Armeen an die West- und Ostfront vollzogen sich „fahrplanmäßig" und fast wie ein Uhrwerk mithilfe der Eisenbahn. In der Zivilgesellschaft lief es nicht so automatisiert ab, denn nach anfänglichen Hurra-Rufen und Kriegseuphorie zog bittere Ernüchterung ein, der immer wieder Durchhalteparolen folgten.

Anfänglich suchten die Hamburger Männer aus Angst um ihr Geld die Sparkasse auf, bei den Frauen setzten Panikeinkäufe an Lebensmitteln ein, jung und alt glaubten recht abenteuerlich von ausländischen Feinden und Saboteuren umgeben zu sein und bildeten eine heimische Bürgerwehr. Es dauerte einige Wochen bis die staatlichen Organe: Polizeiorgane und Verwaltung wieder Ruhe und geregelte Ordnung in die ängstlichen Menschen brachte.

Schnell brach wirtschaftliche Not in der Stadt aus, die sich zeitweilig (bis November 1914) in der ansteigenden Arbeitslosigkeit zeigte.

Andererseits wurden bald Arbeitskräfte gebraucht und gesucht. Große Probleme bereitete die Aufrechterhaltung der Landwirtschaft. Es war ein Hauptproblem und blieb es, die ganze Kriegszeit über: Ersatz-Arbeitskräfte zu organisieren, um die lebenswichtige Ernte einzubringen, um die Ernährung sichern zu können. In der Ferienzeit halfen Schüler aus. Und ein Teil der Arbeitslosen aus der städtischen Bevölkerung fand zeitweise auf dem Lande Arbeitsgelegenheit.

Nach Aushilfskräften rief der Verkehr, und beinahe ständig. Beispielsweise bei der Straßenbahn. Der innerstädtische Verkehr war ein Stimmungsbarometer wie die Lebensmittel. Von den rund 3.500 hauptsächlich männlichen Mitarbeitern der Hamburger Straßenbahngesellschaft waren bis zum 10. August etwa 2.200 Männer einberufen worden. Die Hamburg-Altonaer Centralbahn-Gesellschaft (kurz HAC), mit der Linie zwischen Hamburg und Altona, erreichte erst wieder Mitte 1916 eine Zunahme der Einnahmen, blieb noch bis Ende 1917 unter dem Umsatz vom letzten Friedensjahr 1913. Es fehlten Straßenbahnführer, Schlosser, Maschinen, Ersatzteile und Baumaterialien.

Mit dem massenhaften Auszug der Soldaten wurden aber keinenfalls ebenso viele Arbeitsplätze frei. Unternehmen schränkten die Produktion ein oder gaben auf, weil sie für die Produkte keinen Absatz mehr fanden, was die gesamte „Luxus-Industrie" betraf. Die Preise für Rohstoffe und Halbfabrikate stiegen, sodass sich die Produktionskosten erhöhten und sich auch durch höhere Verkaufspreise nicht ausglichen, zumal der Staat mit Gesetzen bald Höchstpreise festsetzte.

Handwerksbetriebe, die insbesondere auf das Profil des Meisters zugeschnitten waren, meldeten das Gewerbe ab und entließen Gesellen und Lehrlinge.

Nach dem Bericht des Reichsarbeitsblatts vom Dezember 1916 sank in Deutschland in Auswertung von 5550 Krankenkassen von Juli 1914 bis Juli 1915 die Beschäftigungszahl der Arbeiterinnen um 5,7 Prozent.

Hamburg lebte als Handelsstadt und das Wirtschaftsembargo Englands sowie der Ausfall Russland reduzierten das Export- und Importgeschäft auf Österreich-Ungarn und die neutralen Länder Holland, Dänemark,

Norwegen und Schweden. Das bedeutete den Verlust von Tausenden kaufmännischen Arbeitsplätzen und im Hafenbetrieb.

Generaldirektor Ballin von der Hamburg-Amerika-Linie versuchte mit der Gründung eines zentralen „Reichseinkaufs“ das Import-Export-Geschäft für das gesamte Land in Hamburg zu etablieren. Das wirtschaftliche Profil, die handelspolitischen Erfahrungen sowie die materiellen Bedingungen (Schifffahrt, Hafen, Getreidespeicher, Lagerhallen usw.) sprachen für Hamburg, letztendlich scheiterte das Projekt am Geld sowie an Kompetenzstreitigkeiten mit den Reichsbehörden. So kam es zur Umgründung des „Reichseinkaufs“ in die „Zentral-Einkaufsgesellschft m.b.H.“ mit Sitz in Berlin.

Große Wirtschaftserfolge waren mit der Kriegsproduktion verbunden, mit der Herstellung von Munition und Waffen, Armeekleidung, Nahrungsversorgung des Heeres usw., die von den (zunächst) 13 „Kriegs-Rohstoffgesellschaften und Kriegs-Abrechnungsstellen“ unter Leitung des Kriegsministeriums ab 1915 gefördert und bestens bezahlt wurden. Absatz vertraglich garantiert.

Für die Zivilgesellschaft entstanden zentrale Kriegsorganisationen unter Leitung des Reichsamts des Innern und des Königlich preußischen Finanzministeriums.

Entweder waren Betriebe schon in Friedenszeiten produktgleich ausgerichtet oder es gelang mit Aufwand die generelle Umstellung auf Kriegsproduktion, wofür sich besonders die Metallindustrie und die chemische Industrie eigneten.

Allerdings verhandelten die einkaufenden Kriegsorganisationen nur mit Großbetrieben. Auch hier war Hamburg nicht optimal ausgerichtet. 1909 umfasste das

Deutsche Reich 5222 Aktiengesellschaften, Hamburg wies 1913 270 kapitalkräftige Aktiengesellschaften, davon 120 ausländische, zu zwei Dritteln im Handelsgewerbe angesiedelt, aus.

Weiterhin produzierten hier keine staatlichen Heeres- und Marinebetriebe, die im Kaiserreich 1914-18 insgesamt etwa 200.000 Menschen beschäftigten (Amberg, Dachau, Erfurt, Friedrichsort, Ingolstadt, Kassel, Kiel, Lippstadt, München, Rustringen, Siegburg und Spandau.)

In Hamburg zog bald Stille ein, im gewohnten Großstadtleben fehlte der Baulärm, Bauarbeiter, Gerüste, Kräne erblickte man immer seltener oder schließlich gar nicht mehr. Angefange Bauten, vor allem öffentliche, wurde fertiggestellt wie die Friedhofskapelle in Sande. Wo Projekte oder Investitionen in Aussicht standen, scheiterten sie an fehlenden Bauhandwerkern und Baumaterial. Die Zahl der bei ihrem Beruf gebliebenen Bauarbeiter wurde für Deutschland im Frühling 1918 auf etwa 600.000 geschätzt, d. h. auf ein Drittel wie vor dem Krieg. Ziegeleien, Zement- und Kalkwerke arbeiteten reduziert oder standen ohne genügenden Absatz am Ruin.

Die deutschen Eisenbahnen beförderten 1915 etwa so viel Frachtgut an Zement, Steinen usw. durch das Land wie Roggen. 1916 ließ Bergedorf die städtische Ziegelei abbrechen.

Hamburg bildete in allem keine Ausnahme. Von 1915-1918 wurden zwar 370 Baugenehmigungen für Neubauten von Geschäftshäusern und Wohngebäuden erteilt, aber Bauten nicht angefangen oder fertiggestellt. Im Jahr 1918 entstanden in Hamburg 125 Gebäude, davon nur 5 Wohngebäude mit 65 neuen Wohnungen, was verheerende Folgen auf den Wohnungsmarkt bis in die Nachkriegszeit hatte.

Altona meldete im Krieg keine neuen Wohnungen. 1919 wurden 2 Gebäude und 95 Wohnungen errichtet und erst 1920 kam der Wohnungsbau insbesondere durch die gemeinnützige Bautätigkeit wieder in Schwung mit 180 Wohnhäusern (Kleingebäuden) und 534 Wohnungen. Die durchschnittliche Zahl der Unterkünfte pro Gebäude betrug in Deutschland jetzt 5, lag 1913 noch bei 7.

Der Optimismus verließ einige dennoch nicht. So begann die evangelisch-lutherische Kirche von Barmbeck den Bau eines neuen Gotteshauses vorzubereiten. 1915 bewilligte die Synode 205.000 Mark. Für 110.000 Christen war eine Kirche (Heiligen Geist-Kirche) wahrlich zu klein.

Die Frauen, insbesondere die Kriegerfrauen, mussten sich wirtschaftlich und sozial neu orientieren und gewissermaßen über sich hinauswachsen. In der Kriegszeit übernahmen der Staat (das Reich) und die örtlichen Kommunen die finanzielle (Grund)Absicherung der Soldatenfamilien. Die jeder bedürftigen Kriegerfrau und Familie zustehende reichsgesetzliche Unterstützung wurde wiederholt aufgestockt durch Gemeindezugaben.

Einschneidend auf das alltägliche Leben wirkte sich über die Jahre die immer prekärer werdende Ernährungssituation aus. Die laufenden Wochenrationierungen von Lebensmitteln auf Kartenzuteilungen, der Kohlenmangel im Winter, Petroleumknappheit in der dunklen Jahreszeit, das Licht ging aus, all das bestimmte den Alltag in Hamburg.

In kurzen Zeitabständen, je nach Stand der vorhandenen Nahrungsgüter im Reich, diktierten der Bundesrat und ab 1916 das Kriegsernährungsamt in Berlin den Einsatz und Maximalverbrauch von Brot, Mehl, Kartoffeln, Fleisch, Butter, Milch sowie die Preise für Lebensmittel pro Tag oder Woche vor.

Der Staat Hamburg war in 2 Kommunalverbände für die Großstadt und für die Landesherrschaften eingeteilt. Als Kommunalverband I. musste der Senat seine eigene Bevölkerung durch klugen Einkauf der Nahrungsmittel ernähren. Nach der Volkszählung von 1917 zum 5. Dezember hatte das hamburgische Kriegsversorgungsamt jeden Tag 883.193 Personen zu versorgen, nur 3.602 Personen mit kleinerer Landwirtschaft auf insgesamt 1.057 ha (1914) galten als Eigenversorger. Von diesen Eigentümern konnte das Kriegsversorgungsamt die überschüssigen Ernteerträge beschlagnahmen und für die Gesamtbevölkerung verwenden, was nur ein Tropfen auf dem heißen Stein war. Der Großteil der Nahrungsmittel musste aus dem Umland, aus Schleswig-Holstein und Mecklenburg oder bis aus Schlesien aufgekauft und herantransportiert werden.

Ab Ende Januar 1915 durften die Bäckereien durch die Bundesratsverordnungen nur noch K-Brot (Kriegsbrot mit Kartoffelanteil) backen und anbieten. Den Bäckern war deutschlandweit nächtliches Arbeitsverbot ausgesprochen, sodass die Kunden am frühen Morgen kein frisches Brot und keine frischen Brötchen mehr erhielten, um an Getreide- und Mehlvorräten zu sparen. Letztendlich war das aber nur ein „Magenproblem".

Die sich anschließenden Maßnahmen wirkten sich schon einschneidender auf die Ernährung aus. Am 15.

Februar 1915 hielten die Hamburger erstmals Brotkarten in der Hand. Ab 1916 folgten Karten und Kundenlisten für Eier, Kartoffeln, Fleisch, Milch (ab 1. November), Seife, ab 1917 auch für Butter.

Bis Herbst 1917 gelangten etwa 100.00 Ersatzmittel auf den deutschen Markt, davon rund 7.000 in der Lebensmittelbranche und viele Produkte mit neuen Bezeichnungen hielten nicht, was sie versprachen.

Mit fleischlosen Tagen musste sich die Hausfrau in den Kriegszeiten seit Ende 1915 immer wieder mal begnügen und den Küchenzettel ändern, vom 1. August bis zum 31. Oktober 1918 sogar mit 4 fleischlosen Wochen auskommen. 250 g Mehl oder 1500 g Kartoffeln sollten dann die fehlende Wochenration an Fleisch pro Kopf von 250 g ersetzen. Und die Zuteilungen konnten nicht immer garantiert werden. Schon am Morgen bildeten sich lange Schlangen vor den Läden, geduldig und mit der Zeit unmutig und empört, warteten die Frauen auf das wenige.

Großbetriebe kauften selbst für ihre Beschäftigen Nahrungsmittel ein; doch auch Schleichhandel, Wucher und Hamsterfahrten wurden alltäglich.

Schließlich überforderten die Versorgungsschwierigkeiten den Hamburger Senat mit seinen traditionellen und neuen Strukturen sowie Behörden und führten zu Ausständen und Streiks der Arbeiterschaft.

Hamburg war auch eine Garnisonsstadt seit Ende des 19. Jahrhunderts. Das hanseatische Militär, die Kasernen, Exerzierplätze oder Schießplätze gehörten zum traditionellen Stadtbild.

Das „Hamburger Regiment“ (2. Hanseatisches), das Infanterieregiment Nr. 76, fuhr am 7. August in der an die Westfront. Noch im August ließ das stellvertretende Generalkommando des IX. Armeekorps zwei Hamburger Landwehr-Bataillone aufstellen. Für die hohen Verluste der 76 Ger in Belgien musste schnell Truppenersatz durch 4 Kompanien und zwei Rekruten-Depots geschaffen werden. Am 26. September hieß es für 1.000 Soldaten auf dem Kasernenhof antreten und Abmarsch zum Bahnhof, begleitet vom Jubel Tausender Hamburger.

In Altona hielt das Infanterie-Regiment Graf Bose (1. Thüringisches) Nr. 31 seit 1871 in der Viktoria-Kaserne Garnison und traf nach der sofortigen Mobilmachung am 9. August in Aachen ein. Mitte September erhielten die 31 Ger aus Altona den ersten Ersatztransport, um die Verluste abzudecken.

In Altona neu formiert wurde im September das Reserve-Infanterieregiment Nr. 212, das zu 66 Prozent aus gedienten Mannschaften und fast zu einem Drittel aus jungen Kriegsfreiwilligen bestand. Die Soldaten der 31-Ger bestanden ihre ersten Kämpfe gemeinsam mit den Mecklenburgern (Nr. 214 und den Stettinern Nr. 209 u. 210) in der 45. Reserve-Division des XXIII. Reserve-Korps in Flandern.

Die älteren Jahrgänge wurden in Landsturm-Einheiten formiert und zogen gegen Osten.

28./29. August 1914: Die in Hamburg aufgestellten Landwehr-Bataillone schlagen sich trotz schwerer Verluste ganz hervorragend und tragen wesentlich zum Erfolge des Sturmes auf die Höhen bei Hohenstein und damit zum Erfolge der ganzen Armee bei.

In diesen August- und Septembertagen mussten die Bürgerhäuser zeitweise mit vielen Einquartierungen belegt werden, da die Kasernenplätze in Harburg (Pionier-Kaserne), Hamburg-Fühlsbüttel, Hamburg-Wandsbeck und Altona (Viktoria-Kaserne) und Altona-Bahrenfeld für die vielen neuen Rekruten nicht ausreichten.

Bereits nach vier Monaten Krieg kämpften Tausende Männer aus Hamburg an den westlichen und östlichen Kriegsfronten. Einer der größten hamburgischen gewerblichen Vereine, der Verein für Handlungs-Commis von 1858 etwa 130.000 Mitgliedern, zählte nach 2 Monaten fast 25.000 Kriegsteilnehmer, von denen bereits 333 gefallen waren.

Die Männer zogen massenweise ins Feld und die Partnerinnen blieben auf sich selbst gestellt zurück. Der Krieg veränderte auf den Schlag die soziale Stellung der Frau im gesellschaftlichen Gefüge. Bislang waren Männer die Haupternährer der Familie, obgleich die Anzahl der allein stehenden Frauen schlagartig gewachsen war, dominierte aber die traditionelle Familienstruktur in der Wilhelminischen Zeit.

Im Krieg übernahmen der Staat, die Kommune und wohltätige Vereine die finanzielle Absicherung der Familien. In Hamburg entstand mit Kriegsbeginn die Hamburgische Kriegshilfe als zentrale Organisation, die sich den in Not geratenen Familien und Frauen annahm.

Frauen mussten sich wirtschaftlich und sozial neu orientieren und gewissermaßen über sich hinauswachsen. Hamburgs Frauen organisierten sich im Vaterländischen Frauenhilfsverein oder im Deutschen Evangelischen Frauenverein mit seine Gruppierungen, sammelten in der Stadt Geld für in not geratene Mitgenossinnen und Familien, sie schufen mit dem Arbeitsnachweis, der

Nähstube usw. zeitgemäße Möglichkeiten zur Erwerbstätigkeit, sie engagierten sich in der Krankenpflege.

Hamburg vergaß auch nicht die Kinder und Jugendlichen, die im Krieg ohne Väter aufwachsen mussten. Insbesondere die 16-18-jährigen Burschen wurden von der Kriegsgesellschaft körperlich wie geistig in Jugendwehren als „Nachwuchs und Reserve" für den Kampf sofort mobilisiert.

Die Männer fehlten in jeder Hinsicht als Arbeitskraft auch in der Landwirtschaft. Wenn der Bauer als Haus- und Hofherr in den Krieg musste, lag die Arbeitslast hauptsächlich bei der zurückgebliebenen Frau und auch die Kinder mussten helfen bei der Ackerbestellung und Erntezeit. Nicht selten wechselte der Großvater wieder vom Altenteil in das reguläre Arbeitsleben.

Auf den größeren landwirtschaftlichen Höfen in der Umgebung Hamburgs fehlten ebenso die unentbehrlichen Arbeitsmittel: Pferde, Geschirre und Wagen, sie waren zu jeder Zeit notwendig, um schwere körperliche Arbeiten zu bewältigen. Jetzt wurden sie zum Heer ausgehoben und fast so rekrutiert wie die Soldaten.

Das Zivilleben wurde gänzlich auf den Kopf gestellt und die Kriegsgesellschaft funktionierte in vielerlei Hinsicht nach übergeordneter Befehlsgewalt durch das Stellvertretende Generalkommando des IX. Armeekorps zu Altona.

Die Tageszeitungen wurden wichtiges Organ, um Nachrichten zu erhalten oder Bekanntmachungen zu verbreiten. Denn was die Menschen in Hamburg in den ersten Monaten vom Kriegsverlauf erfuhren, kam aus den regionalen Zeitungen, die wiederum erhielten ihre Meldungen durch die OHL (Oberste Heeresleitung) über ausgewählte Agenturen. Erwünscht waren Erfolgsmeldungen von Front und Heimat, sodass wichtige Informationen einer Zensur unterlagen und hauptsächlich der Kriegspropaganda dienten, ausgenommen der Annoncen- oder Inseratenteil. Die Redaktionen kamen nicht umhin von den alltäglichen Dingen des Lebens zu berichten. Im weiteren Kriegsverlauf verschärften sich die Zensur-Maßnahmen.

Die Feldpost kam erst Ende August 1914 in Gang, auch die persönlichen Soldaten-Briefe und Karten in die Heimat wurden von den unmittelbaren militärischen Vorgesetzten kontrolliert: negative Informationen waren nicht erwünscht, man forderte Siegesgewissheit und Tapferkeit usw. Bald war auch das verbreitete Tagebuchschreiben der Soldaten verboten.

Nachrichten vom schweren Schicksal der Kriegsteilnehmer trafen dennoch durch die amtlich veröffentlichen deutschen Verlustlisten ein. Am 10. August erschien die Erste in den Hamburger Zeitungen, am 20. August die 4., am 20. Oktober die 50.

Veröffentlicht wurden vermisste, verwundete, gefallene oder in Gefangenschaft geratene Soldaten mit Namen, Einheit, Geburtsdatum und -ort. Seit Mitte August 1914, also gleich mit Kriegsbeginn, gab es daraus in den Tageszeitungen auszugsweise Veröffentlichungen. Ein dickes Buch der Leiden wurde geschrieben und ein Ende war nicht abzusehen. Wöchentlich erschienen neue Namenslisten mit Schicksalen, die sich schnell unter den Einwohnern verbreiteten. Die Verlustlisten der deutschen Armee wiesen bis Anfang 1919 90.677 Hamburger, 20.868 Altonaer und 11.569 Harburger Verlusteintragungen (Tote: verstorben durch eine Kugel, durch eine Granate, infolge seiner Verwundung, infolge Krankheit usw. Verwundete, Vermisste oder Gefangene, letzte auch mehrfach) aus.

Das Regiment Hamburg" (2. Hanseatisches) Nr. 76, kämpfte während der gesamten Kriegszeit an der Westfront. 20.671 Verlusteintragungen an Verwundeten, Vermissten, Gefangenen und Toten sprechen eine eigene Sprache. Das große Kampfjahr 1916 mit den schweren Schlachten vor Verdun und in der Somme war das leidvolle Rekordjahr. Es brachte den Kriegsgegnern keinen Sieg, hinterließ dafür Hunderttausende Tote und noch mehr Verletzte und wer die Todeskessel überlebte, konnte glücklich sein.

> Otto Stoffregen von der Hamburg-Amerika Linie aus der Abteilung Personenverkehr, Vizefeldwebel der Reserve, wurde nach zehnmonatigen Aufenthalt an der Front am 27. Oktober 1916 in den Kämpfen an der Somme verschüttet und erlitt eine Nervenlähmung, die seine Aufnahme in das Lazarett in Wesel nötig machte. Seit Ende November befindet er sich wieder bei seinem Ersatz-Truppenteil, wo er jetzt arbeitsverwendungsfähig im Beruf erklärt worden ist.

Insbesondere das ungeklärte Schicksal der Vermissten bereitete den betroffenen Familien große Ängste und Sorgen. Waren sie gefangen oder schon tot, unerkannt in einem Massengrab. Helfen konnte der Landesverein vom Roten Kreuz mit seiner Auskunftsstelle. Und es dauerte seine Zeit, bis die gerichtliche Todeserklärung erfolgen konnte.

Fast als Pedant zu den Verlustlisten erschienen im Druck die Namen der Helden, jene mit dem Eisernen Kreuz Erster und Zweiter Klasse ausgezeichneten Soldaten und Offiziere.

Der Krieg schrieb sein eigenes Buch von Siegen und Niederlagen auch für die Hamburger: Im Oktober 1914 feierte auch Hamburg einen großen Sieg. General von Beseler hatte mit seiner Armee am 10. Oktober die belgische Festung Antwerpen erobert, Stadt und Hafen und damit Belgien, waren nun in deutscher Hand. Zu Hause läuteten von allen Kirchen die Siegesglocken und die Schulkinder freuten sich über schulfrei. Hamburger Reeder mussten aber den Verlust von 7 Schiffen im Hafen von Antwerpen hinnehmen, welche die Engländer beim Abzug zerstörten.

Im April 1915 erschien die 200. amtliche preußische Verlustliste der deutschen Armee. Da waren 8 Monate Krieg vergangen.

Die meisten gefallenen Kriegsteilnehmer blieben in fremder Erde zurück, in einem schlichten Soldatengrab, Hügel oder Massengrab, in Belgien, Frankreich, Polen, Russland oder Galizien.

> Am 22. November 1917, morgens 8 Uhr, verstarb nach kurzem schweren Krankenlager im Ortslazarett in Garwolin der Unteroffizier Adolf Schweinert aus Hamburg.
> Die Kompagnie verliert in ihm einen guten Kameraden, einen zuverlässigen und immer dienstfreudigen Soldaten, dem ein treues, ehrendes Gedenken übers Grab hinaus gesichert ist.
> Fuhrmann, Hauptmann und Kompagnieführer.
>
> 2. Komp., Landst.-Jnf.-Batl. Striegau VI/21.
> Sonnabend, den 24. November 1917, fand auf dem polnischen Friedhofe bei Garwolin, nach-

mittags 2.30 Uhr, die kirchliche Feier am Grabe des an Fleckfieber gestorbenen Unteroffiziers Schweinert aus Hamburg von der 2. Komp, des Landst.-Jnf.-Batl. Striegau, statt. Der evangelische Gouvernementspfarrer sprach am Grabe über Jes. 55,8 u. 9.
Die Offiziere des Standortes, die Beamten des Kreisamtes - an ihrer Spitze der Herr Kreis-Chef - sowie zahlreiche Mannschaften nahmen an der Feier teil.

Aus Lukow war Se. Exzellenz der Herr Militärgouverneur mit einem Adjutanten erschienen.

Andere fanden das kalte Seegrab in 10.000-12.000 m Tiefe, kein Kreuz und Stein bezeichnet je dies Stätte, nur die Koordinaten sind erhalten. Vor den Falklandinseln sanken am 8. Dezember 1914 im Seegefecht mit England die deutschen SMS „Scharnhorst", „Gneisenau", „Nürnberg" und „Leipzig" und 3 weitere Hilfsschiffe. 2200 Seeleute starben.

Kaum ein Angehöriger besaß die finanzielle Möglichkeit, die Verstorbenen von den Kriegsfeldern heimzuholen. Der Kirchenrat von Sankt Petri beschloss schon im Herbst 1914 eine Gedenktafel für die gefallenen Gemeindemitglieder zu errichten.

Auch in Hamburg gibt es Hunderte Soldatengräber aus dem Ersten Weltkrieg. Auf den Friedhöfen fanden Kriegsopfer ihre letzte Ruhestätte, von denen viele nicht aus der Stadt stammten. Soldaten und Offiziere aus vielen Orten Deutschlands, aus den verschiedensten Militäreinheiten starben in Hamburger Lazaretten an ihren Kriegsverwundungen und Erkrankungen. Darunter auch Kriegsteilnehmer aus Österreich, Belgien,

Frankreich und Russland.

In Hamburg wurde gleich mit Kriegsbeginn 1914 eine Kriegsversicherung für die Hinterbliebenen eingerichtet. Man nahm die Verlustziffern des Feldzuges von 1870/71 zum Ausgangspunkt und kalkulierte damit, dass die Verluste des neuen Kriegs ungefähr die gleichen werden würden. 1919 musste man sich eingestehen, dass man sich über die Länge des Kriegs, der gesteigerten Waffenwirkung und der daraus resultierenden hohen Zahl an Opfern schwer geirrt habe, und man ging für die Kriegsversicherung „sammeln", um den Witwen, Waisen und Eltern eine menschenwürdige Versicherungssumme zukommen zulassen.

Wie viele Kriegstote, Kriegswitwen und Waisenkinder hatte nun dieser „Große Krieg" von 1914-1918 auch in Hamburg hinterlassen? Eine Statistik berichtet, dass 34.181 hamburgische Soldaten und Offiziere den Tod fanden, rund 31.500 davon durch direkte Kriegseinwirkung. Die größten Verluste verzeichnete die Altersgruppe von 18-22 Jahren. 30 Prozent der nicht aus dem Feld heimkehrenden Männer hinterließen eine Familie. 23.000 Kriegswaisen mussten versorgt werden.

Der Stadtkreis Harburg zählte Ende 1917 662 Kriegswitwen. Die gefallenen Ehemännern stammten aus allen sozialen Schichten: Arbeiter 382, Handwerker 169, selbstständige Handwerker uud Gewerbetreibende 49, Handlungsgehilfen 32, Architekten, Meister, Beamte, Lehrer und Angestellte 31, Schreiber, Boten 7, aktive Militärpersonen 3.

Für viele Kriegsteilnehmer endete vorzeitig der Krieg als Krüppel oder Blinder. Bis Ende 1917 wurden 12.281 hamburgische Kriegsbeschädigte vom Landesausschuss für Kriegsbeschädigte betreut.

Fast 10.000 befanden sich noch ein Jahr nach Kriegsende in Gefangenschaft.

Das war die traurige Bilanz.

Das Leben ging immer wieder weiter: Großer Preis von Hamburg im Pferderennen 1918 und 1919 - je 108 Meldungen.

Blohm u. Voss-Werft

Vulkan-Werft

Hamburg
Neue Elbbrücke.

Der Hamburger Senat verkündigt einen neuen Sieg. — Phot. Schaul

Stadt- und Staatsgrenze zwischen Hamburg u. Altona

Altona am Elbstrand

2 Vorboten 1913/14

1913 - was für ein Jubeljahr, das Deutsche Reich beging im Januar das 25-jährige Regierungsjubiläum des Kaisers Wilhelm II. mit aufwendigen Festakten. In Berlin wurde das „Deutsche Stadion“ eröffnet und der erste Schritt zur Ausrichtung der Olympischen Spiele im Jahr 1916 war getan.

Im Herbst, da wurde die 100-jährige Jubelfeier der Leipziger Völkerschlacht zelebriert und das monumentale Denkmal in der Messestadt eingeweiht, die gefallenen Soldaten geehrt - im ganzen Kaiserreich, auch in Hamburg. Es waren hundert Jahre her, dass Napoleon besiegt worden war, das blieb unvergessen.

Völkerschlachtdenkmal Leipzig

Wie 1913 im Erinnerungstaumel endete, setzte sich der Jubel im ersten Halbjahr 1914 fort. Diesmal feierte insbesondere der Norden Deutschlands.

Der „Marineverein von 1892“ in Altona veranstaltete eine Erinnerungsfeier am Denkmal für die im Seegefecht bei Helgoland am 9. Mai 1864 gefallenen Angehörigen der österreichischen Marine.

> „Helden waren es, die vor 50 Jahren unter der tüchtigen Leitung des österreichischen Kommodore von Tegetthoff im Feuer des Seegefechts bei Helgoland an Bord der österreichischen und preußischen Schiffe „Schwarzenberg", Radetzky", „Preußischer Adler", „Blitz" und „Basilisk" gegen die dänischen Schiffe „Juel Niels", „Dogmar" und „Heimdal" standen ... Sie hatten den herben Verlust von 34 braven Kameraden sowie 65 Schwerverwundete zu beklagen. Die gefallenen Kameraden wurden fern der Heimat in fremder Erde in Cuxhaven zur letzten Ruhe geleitet, während die Schwerverwundeten, welche in Altona ihren Verletzungen erlegen waren, hier beigesetzt wurden".[1]

Und im April und Juni gab es fast überall und insbesondere in den Kriegervereinen eine allgemeine Ehrung für die ruhmreichen Kämpfe an den Düppeler Schanzen im eben diesem Deutsch-Dänischen Krieg. Am 18. April und 29. Juni waren 50 Jahre für die Heldentaten von Düppel und Alsen vergangen. Auch die Schulkinder gedachten am 18. April an allen Schulen der historischen Ereignisse.

Am 28. Juni wurde in Sonderburg eine Düppel-Gedächtnisausstellung eröffnet, die bis zum 1. September geplant war. Am 30. Juni erwartete Altona mehrere Hundert «Düppelstürmer» von Flensburg kommend, die auf Zwischenstation hier bewirtet wurden und die Gartenbauausstellung besuchten.

Auch die zivile Sportfliegerei nahm in diesen Zeiten großen Aufschwung, Zeppeline und Flugzeuge waren

Attraktionen am Himmel. Wie die Luftschiffe erhoben sich die ersten Motorflugzeuge vom Boden und jagten nach sportlichen Rekorden: über die Nord- und Ostsee, über den Ozean, nach der größten Höhe und nach der kürzesten Flugzeit zwischen bekannten Städten usw. Und dann gab es Schauflugveranstaltungen der Ein- oder Zweideckerriesen.[2]

Ende 1913 wurde die (freie) Fliegerei aus militärischen Gründen und wegen ausländischer Spionagegefahr eingeschränkt. Das Kaiserreich erließ Flugverbotszonen. Die Heeresführung entdeckte Zeppeline, Ballons und Flugzeuge als militärische Waffe und forcierte die Entwicklung und Produktion.

Der preußische Landeskriegerverband Bezirk Altona beging 1914 sein 25-jähriges Bestehen. Vor einem viertel Jahrhundert hatten 4 Vereine den Bezirk gegründet; die übrigen 5 Organisationen, die damals bestanden, schlossen sich sehr bald an. Jetzt zählte der Bezirk, dem Altona, Wandsbek und Helgoland angehörten, 22 Vereine mit 4252 Mitgliedern, darunter 210 Offiziere und 535 Veteranen.

Den noch lebenden Veteranen der letzten Kriege, derer zu den herbstlichen Sedan-Feierlichkeiten am 2. September in den Kriegervereinen gedacht wurde, stand eine kleine finanzielle Unterstützung zu. Seit 1905 erhielten die weiter in Arbeit stehenden Kriegsveteranen von 1870/71 bei eingetretener Erwerbsunfähigkeit eine, wenn auch geringe Sonderrente (Veteranenbeihilfe).

In den Kriegervereinen behielt eine monarchische und militaristische Gesinnung die Oberhand. Der geringe Mitgliedsbeitrag, die Unterstützung der Mitglieder in wirtschaftlichen Notsituationen, von Kriegerwaisenheimen u. a., das alles führte dem Verein auch die unteren sozialen Schichten zu. Politische Schranken für die Mitgliedschaft existierten dagegen schon, besonders gegen die Sozialdemokraten.

> Es werden deshalb die maßgebenden Bestimmungen zur allgemeinen Kenntnis gebracht: Der Paragraph 2 C Abs. 5 lautet: Grundsätzlich ausgeschlossen von der Aufnahme ist: a) wer, mit dem Zuchthaus oder mit Gefängnis und zugleich mit Verlust der bürgerlichen Ehrenrechte bestraft ist; b) wer, durch Urteil aus dem Soldatenstand oder ehrengerichtlich aus dem Offizierstand entfernt oder in die zweite Klasse des Soldatenstandes versetzt und nicht rehabilitiert worden ist; c) wer, der sozialdemokratischen Partei angehört oder sie unterstützt oder ihre Bestrebungen durch Worte oder Handlungen fördert.[3]

Erst im letzten Kriegsjahr wurde der Ausschluss letztendlich aufgehoben:

> ... künftig ohne Rücksicht auf Parteizugehörigkeit jeden ehrenhaft gedienten Kameraden aufzunehmen, der sich zur Vaterlandsliebe, zur Treue gegen Kaiser und Reich, König und engerem Vaterland bekennt.[4]

Und die Kriegervereine, in denen sich sowohl Veteranen als jetzt auch jüngere Reservisten trafen, schossen wieder mit scharfer Munition. Von der preußischen Armeeverwaltung erhielten im Jahr 1913 der preußische Landeskriegerverein und seine angeschlossenen regionalen Vereine etwa 75.000 ausgesonderte Infanteriegewehre und nahezu 6 Millionen Patronen zur Verfügung gestellt. Die „alten Krieger" machten sich damit für die Jugend attraktiv und das wiederum ließ die Mitgliederzahl steigen. Nein, der Krieg war nicht vergessen in vielen Köpfen.

Die Sozialdemokraten beschäftigten sich im Frühjahr 1914 und das seit einem halben Jahr, mit der Mitgliederwerbung in den „Roten Wochen", und nicht mit der Kriegsgefahr. Durch die Agitationen erreichte die hamburgische Sozialdemokratie 18.856 Neuaufnahmen. Dagegen standen 12.817 Austritte, die ihre eigene Sprache sprechen. In der Summe wuchs der Mitgliederstand seit dem letzten Parteitag auf 67.862, davon männlich 56.178 und weiblich 11.684, konkret im Wahlbezirk 1 auf 8.342, Wahlbezirk 2 auf 10.098 und im dritten Wahlbezirk auf 49.422 Mitglieder.

Altona konnte dem Abgang von 1.686 Mitgliedern einen Zugang von 2077 Mitgliedern gegenüberstellen, sodass ein Plus von 391 blieb.

Hamburgs Mitgliederstärke stand in Widerspruch zur politischen Macht der Sozialdemokraten. Regiert wurde die Millionenstadt vom Senat, von 18 auf Lebenszeit gewählten Senatoren, die aus ihrer Mitte den Ersten Bürgermeister bestimmten und von der Bürgerschaft. Voraussetzung für das Wahlrecht zur hamburgischen Bürgerschaft war die Volljährigkeit (25 Jahre) und der Besitz des Bürgerrechts, das erst ab einem Jahreseinkommen von 1.200 Mark verliehen wurde. (Nach dem „Gesetz betreffend die hamburgische Staatsangehörigkeit und das hamburgische Bürgerrecht, vom 2. November 1896). Damit fielen Tausende Menschen durch das Raster, und besonders die Masse der politisch und gewerkschaftlich gut organisierten Arbeiter mit geringem Lohn.

Zudem konnten nur 80 Kandidaten in die aus 160 Mitgliedern bestehende Bürgerschaft allgemein und direkt gewählt werden. 40 Plätze wählten die Haus- und Grundbesitzer und 40 Kandidaten waren den sogenannten Notabeln vorbehalten. Die Letzteren, die Privilegierten, waren ehemalige Senatoren, ausgeschiedene Bürgerschaftsmitglieder oder Vertreter der Gerichte, aus Verwaltungsbehörden, von Industrie, Handel und Handwerk.

Hamburgs Verfassung.

Nach der Reichsverfassung vom 16. April 1871 bildet die Freie und Hansestadt Hamburg einen selbständigen Staat des Deutschen Reiches, ist im Bundesrate durch einen Bevollmächtigten, im Deutschen Reichstage durch drei Abgeordnete und in Berlin diplomatisch durch den Hanseatischen Gesandten gemeinsam mit Lübeck und Bremen vertreten.

Die Staatsform ist eine republikanische. Die gesetzgebenden Körperschaften — Senat und Bürgerschaft — gehen aus Wahlen hervor.

Die höchste Staatsgewalt steht dem Senat und der Bürgerschaft gemeinschaftlich zu. Die gesetzgebende Gewalt wird von Senat und Bürgerschaft, die vollziehende vom Senat und die richterliche von den Gerichten ausgeübt.

Der Senat besteht aus 18 lebenslänglich gewählten Mitgliedern (worunter 9 Juristen und 7 Kaufleute sein müssen); er erwählt aus seiner Mitte einen ersten und einen zweiten Bürgermeister für die Dauer eines Jahres zu Vorsitzenden.

Die Bürgerschaft — 160 Mitglieder, von welchen 80 aus allgemeinen direkten Wahlen, 40 aus Wahlen der Grundeigentümer der Stadt und 40 aus Wahlen der jetzigen und gewesenen Mitglieder des Senats und der Bürgerschaft, der Verwaltungsbehörden und Gerichte, sowie der Handels-, der Gewerbe- und der Detaillistenkammer (den sogen. Notabeln) hervorgehen, — wählt aus ihrer Mitte den Bürgerausschuss — 20 Mitglieder —, der ausserordentliche im Budget nicht vorgesehene Ausgaben und Veräusserungen von Staatsgut im Wert unter Mk. 5000 sowie in dringlichen Fällen gesetzliche Verfügungen von geringerer Bedeutung bis zur späteren Zustimmung der Bürgerschaft mitzugenehmigen hat, auch verpflichtet ist, die Einhaltung der Verfassung und der auf das [illegible]che Recht bezüglichen Gesetze zu überwachen.

Jeder Bürger Hamburgs ist zur Annahme einer Wahl in den Senat oder in die Bürgerschaft verpflichtet; ebenso, von bestimmten Ausnahmen abgesehen, zur Annahme der Wahl in eine Deputation. Zum Bürgerwerden berechtigt ist jeder volljährige Staatsangehörige, welcher während der letzten fünf Jahre ein jährliches Einkommen von mindestens 1200 Mk. versteuert hat.

Das Wappen Hamburgs bildet in rotem Feld eine silberne zinnenbekrönte dreitürmige Burg mit geschlossener Pforte, auf dem mittleren höheren Turm ein Kreuz, über den Seitentürmen ein Stern. Im mittleren Wappen tritt ein Helm mit weiss-roter Decke hinzu. Die Helmzier wird von 3 Pfauenfedern und 6 Fähnlein gebildet. Das grosse Staatswappen hat ausserdem als Schildhalter zwei Löwen.

Die Flagge zeigt die weisse dreitürmige Burg im roten Felde.

Landesfarben: weiss und rot.

Gemeinsam mit den beiden Hansestädten Lübeck und Bremen ist das Hanseatische Oberlandesgericht, die Anwaltskammer, beide in Hamburg, und die Landesversicherungsanstalt der Hansestädte in Lübeck.

Gemäss der Konvention vom 23. Juli 1867 hat Preussen die Hamburg für das Reichskriegswesen obliegenden militärischen Leistungen übernommen. Es garnisoniert hier das Infanterie-Regiment »Hamburg« (2. Hanseat.) No. 76.

Die hamburgische Münze führt das Münzzeichen J, die hier geprägten Münzen tragen auf der einen Seite den Reichsadler und auf der andern das hamburgische Wappen.

Was für ein Unterschied und Gegensatz zur preußischen Städteverfassung, von Hamburg zur Nachbarstadt Altona, wo zumindest das Dreiklassen-Wahlrecht bestand. Aber auch in Schleswig-Holstein kämpfte eine Initiative, der «Patriotischer Verein», gegen die «Mehrheit der Sozialdemokraten in den Stadtparlamenten.»

Bei dieser aristokratischen Verfassung Hamburgs hatten es die Sozis schwer in die Staats- und Stadtpolitik einzugreifen. Obwohl seit 1890 alle Hamburger Reichstagswahlkreise die SPD beherrschte, gelang erst 1901 einem Sozialdemokraten der Sprung ins Parlament (Schlosser Otto Stolten) und drei Jahre später folgten zwölf weitere SPD-Männer in die Bürgerschaft.

Am 1. Mai 1914 gingen rund 9.500 Menschen in Hamburg und in Altona etwa 2.300 auf die Straße. Das war mehr ein bunter Umzug von der Großen Allee nach Horn, als eine machtvolle Arbeiter-Demonstration; mit im Zug 60 Fahnen, 70 Transparente und 16 Musikkapellen. Eine Stunde dauerten die Märsche und dann löste sich die Menschenmenge zu den beliebten Volksbelustigungen auf.

Ein ganz anderes Bild bot Hamburg am Sonntag darauf.

> «Der Verkehr am Sonntag zeigte bei dem schönen Wetter schon ein sommerliches Bild.
> Die Straßenbahn hatte 650.000 und die Hochbahn 127.000 Fahrgäste zu befördern. Von den St.-Pauli-Landungsbrücken aus wurden etwa 20.200 Personen befördert, von denen die meisten zur Obstbaumblüte nach Finkenwärder und dem Altenlande gefahren sind. Die nach Cuxhaven, Helgoland und Westerland abgefertigte „Silvana" hatte nur 311 Passagiere an Bord. Vom Stadtdeich sind sehr viele Ausflügler nach den Vergnügungsstationen der Oberelbe gefahren.»[5]

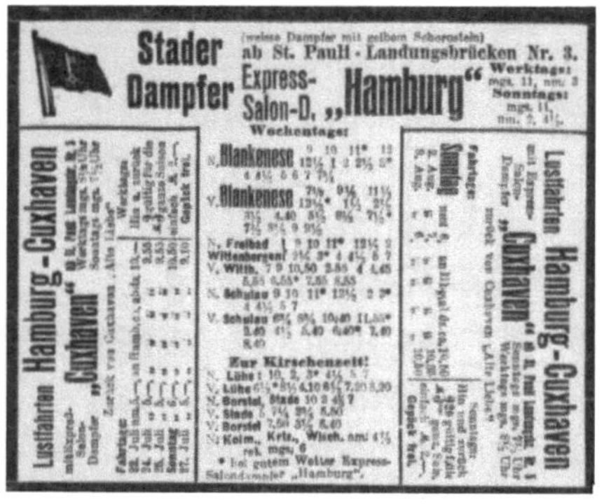

Und die Jugend? Nur die sozialdemokratische Jugend hielt sich fern vom Feierjubel auf 1813. Insbesondere die „Freideutsche Jugend" setzte mit dem Treffen auf dem Hohen Meissner ein Zeichen. Ein Vertreter und Förderer, Wyneken, warnte vor einem Waffengang. Noch kurz vor Kriegsbeginn telegrafierten führende Männer der Jugendbewegung an den Kaiser, dieser möge nichts unversucht lassen, dass „entsetzliche, menschenunwürdige Verhängnis eines europäischen Krieges" abzuwenden.

1913 trat in der Weltwirtschaft eine Krise ein, von der viele Volkswirtschaften betroffen wurden. Es ging nicht mehr nur bergauf, auch im deutschen Kaiserreich.

> «Die ersten sieben Friedensmonate des schicksalschweren Jahres 1914 standen ebenso wie die letzte Hälfte von 1913 unter dem Einfluß wirtschaftlichen Niederganges, welcher der Hochkonjunktur von 1912 unmerklich und anfangs von vielen verkannt, um die Mitte des Jahres 1913 gefolgt war. Auf allen Gebieten zeigte sich die wirtschaftliche Depression.

Am stärksten hatte das Grundstücks- und Baugewerbe, sonst eine reiche Quelle der verschiedensten Arbeits- und Verdienstmöglichkeiten, zu leiden. Schon an der letzten Aufschwungsperiode hatte es nicht nur nicht teilgenommen, sondern war vielmehr einer weiteren dauernden Verschlechterung unterworfen. Die mehrfachen Ansätze zu einer Aufbesserung der ungünstigen Lage blieben kleine Anfänge, da die Kapitalien fehlten, um auf ihnen aufbauen zu können.

Nicht minder wurde auch die Industrie, besonders die Montanindustrie, von der wirtschaftlichen Depression in Mitleidenschaft gezogen. Ihr Modernisierungs- und Expansionsprozeß, ein Hauptmerkmal der letzten Hochkonjunktur, war vollendet.

Die industriellen Unternehmungen, die zur Durchführung ihrer Um- und Neubauten bisher selbst in erheblichem Maße als Käufer am heimischen Markte aufgetreten waren, erschienen nunmehr als Verkäufer.

Sehr zur ungünstigen Zeit! Große Teile des Weltmarktes, so Kanada, Australien, Mexiko, China, Argentinien, Brasilien, auf die beim Absatz der heimischen Industrieerzeugnisse gerechnet werden mußte, befanden sich vielfach in einer weit schwierigeren wirtschaftlichen Depression, als das kapitalknapp gewordene Europa jenen Ländern nicht mehr die Mittel zur Finanzierung ihres vielfach überhasteten wirtschaftlichen Aufstiegs bieten konnte. Überfüllung des Arbeitsmarktes, Überproduktion, Preis- und Ertragsrückgänge, Betriebseinschränkungen und Ansammlungen von Lagern waren die Folge.»[6]

In Hamburg wurden von Januar 1914 bis Ende Ende Mai nicht mal halb so viele Wohnungen gebaut wie im gleichen Zeitraum 1913 (1795 gegen 3956).

Als psychologischer Unruheherd wirkten sich die Balkankriege[7] aus. Nicht wenige Menschen waren durch die angespannte politische Weltlage beunruhigt, sodass sich Ängste und Sorgen vor einem neuen Krieg verbreiteten. Bereits längere Zeit brodelte es unter den europäischen Ländern wieder. Die militärischen Auseinandersetzungen 1912-1913 auf dem Balkan forderten fast 400.000 tote und verwundete Soldaten. Das Osmanische Reich, das dem deutschen Kaiserreich nahe stand, wurde rasch besiegt; die von Russland ermunterten Balkanstaaten erstarkten.

In diese Konflikte wurden durch die Bündnissysteme alle europäischen Großmächte einbezogen: Durch die geheime Militärkonvention von 1892/94 kooperierten Russland und Frankreich gegen Deutschland.

Russland, ab 1907 neben Frankreich auch mit Großbritannien (Tripel-Entente) verbündet, unterstützte als Schutzmacht Serbiens dessen territoriale Ansprüche, die sich unter anderem gegen das von Österreich-Ungarn annektierte Bosnien und die Herzegowina richteten. Andererseits musste Deutschland durch den Pakt mit Österreich-Ungarn im Kriegsfall gegen Serbien auf der Seite Wiens sein.

Die wiederholten Krisen festigten die bestehenden Allianzen und verstärkten bei den politischen und militärischen Entscheidungsträgern den Eindruck, dass ein Krieg in naher Zukunft unausweichlich sei. Alle Marine-

Verwaltungen Europas erhöhten den Einkauf von Steinkohlen und Koks für die Kriegsschiffe und erweiterten die Vorräte, auch die deutsche. Die Einfuhr englischer Kohle im hamburger Wirtschaftsgebiet (Hamburg/Altona/Harburg) steigerte sich 1913 im Vergleich zum Vorjahr um 363.000 Tonnen auf 5.796.000 Tonnen. Von Januar bis Ende April 1914 trafen 493 Dampfer mit Kohle ein, fast jedes 10. Schiff war mit dem fossilen Energieträger beladen.

Aktuelle Meldungen in den Hamburger Zeitungen über Auswirkungen auf dem südlichen Kriegsschauplatz brachten Unruhe in die Stadt und führten zu chaotischen Handlungen. Nach Kurseinbrüchen oder Ankündigung von erhöhten staatlichen Militärausgaben des Staates rannten die Menschen schon 1912/13 auf die Sparkasse, um ihr Geld abzuholen. Sie glaubten, dass der Sparstrumpf in den eigenen vier Wänden sicherer und unantastbar sei.

Auch darin irrten die Leute, gegen Finanzkrisen, damals wie heute, ist kein Kraut gewachsen. In diesen schwierigen Zeiten half nur eins, die Menschen mussten informiert und aufgeklärt werden. In Versammlungen der Sozialdemokraten, in den evangelischen Arbeitervereinen, in den Bürger- oder Gewerbevereinen, wurde über politische Ursachen und wirtschaftliche Auswirkungen gesprochen. Mit den Bekanntmachungen und Kommentaren der Tageszeitungen erhielten die Leute über den Gang der aktuellen Ereignisse Informationen, denn Ruhe und Ordnung waren notwendig für ein funktionierendes Kaiserreich.

Es half nichts, denn die politische Sicherheit in der Welt war bereits 1913 insbesondere durch die militärische Aufrüstung erschüttert:

Deutschland hatte 1890 mit einem Heer von fast 490.000 Mann seine von der Verfassung vorgegebene Friedenspräsenzstärke von einem Prozent der Bevölkerung erreicht. Zwischen 1898 und 1911 forderte die kostspielige Flottenrüstung viel Geld und die Entwicklung des Landheers musste zurücktreten. Deshalb wurde 1913 die größte Heeresvergrößerung (Wehrvorlage/Wehrbeitrag) in kürzester Zeit seit Bestehen des Reichsgesetzes vom 2. Mai 1874 in Angriff genommen. In Deutschland betrug die Friedensstärke einschließlich Marine vor 1913 1,1 Prozent der Bevölkerung und sollte damit auf 1,2 Prozent steigen. Die Ausgaben für das Heer beliefen sich vor dem Krieg durchschnittlich auf 12,2 Mark pro Kopf der Bevölkerung und 1914 auf etwa 20 Mark.

Russland steigerte die Friedenspräsenzstärke seiner Landstreitkräfte von 1 Millionen (1898) auf 1,4 Millionen.

Frankreich erhöhte die aktive Militärdienstzeit von 2 auf 3 Jahre, verlängerte die Landwehrzeit und stockte somit die Friedensarmee von 600.000 (1898) auf 736.000 bis zum Juli 1914 auf. Unter Einbeziehung der „Fremdenlegionäre und Eingeborenentruppen" (Arabertruppen, Marokkaner, Senegalneger) lag sie noch um etwa 100.000 höher.

Italien erweiterte das Militär von 110.000 Personen (1874) auf 223.000 bis 1898.[8]

Englands Armee war ursprünglich eine „Kolonialarmee", mit den Militärreformen bis 1909 wurde sie durch eine heimische, milizartig ausgebildete Territorialarmee (Freiwilligenarmee bis 300.000 Mann) ergänzt. Und bis 1912 verlegte England einen großen Teil seiner Seestreitkräfte in die Nordsee.

Indische Pioniere.

Australische Kavallerie.

So bestimmten in den Zeitungen kritische Wirtschaftsberichte, Kriegsbeiträge und Kriegsschaubilder zunehmend die außenpolitischen Berichterstattungen, das änderte sich auch im ersten Halbjahr 1914 nicht:

Die Vereinigten Staaten marschierten in Mexiko ein. Vom 21. April bis zum 23. November 1914 besetzten die Streitkräfte die Stadt Veracruz und ihren Hafen am Golf von Mexiko. Die militärische Intervention im bürgerkriegszerrütteten Mexiko erfolgte im Zuge der Kanonenbootpolitik der USA. Die US-Truppen erlitten an Verlusten 22 tote und 75 verwundete Soldaten. Auf mexikanischer Seite wurden 172 Soldaten getötet, außerdem starben Hunderte Zivilisten.

Russland kündigte für den Herbst eine Probemobilmachung des Heers an.

Anmerkungen:

1) Altonaer Nachrichten vom 9. Mai 1914.

2) Auch der Altonaer „Verein für Luftfahrt (e. V)" veranstaltete vom 6. bis 14. Juni 1914 anlässlich einer Sportwoche im Rahmen der Gartenbauausstellung ein Preisfliegen im Modellflugsport.

Als der Krieg kam, waren die sportlichen Schauen schnell vergessen. Die deutschen Fliegerpiloten wurden zunächst hauptsächlich zur Luftaufklärung im Feindesland eingesetzt, aus der Luft spähten sie die gegnerischen Truppenbewegungen aus. Bald sahen sie sich schweren Luftkämpfen auf Leben und Tod mit feindlichen Fliegern ausgesetzt. Am 12. August 1914 fiel im Luftkampf der erste Offizier der deutschen Fliegertruppe, Leutnant der Reserve Reinhold Jahnow, von der FFA 1. In den ersten beiden Kriegsmonaten wurden ca. 100 deutsche Flugzeuge abgeschossen und 52 Piloten fanden den Tod.

3) Der Paragraf wurde den Kriegervereinen in einem Rundschreiben erläutert, das in Zeitungen auszugsweise im Oktober 1899 veröffentlicht wurde.

4) Mitteilungen für den vaterländischen Unterricht. 1918, Nr. 20, S. 9.

5) Altonaer Nachrichten 5. Mai 1914.

6) Baecker, Willy: Die deutschen Banken im Jahr 1914. Berlin 1915. S. 1. Allerdings: „Das entscheidende Kennzeichen dieses letzten Konjunkturrückganges bleibt jedoch, daß aus ihm keine die Grundlagen unserer Gesamtwirtschaft erschütternde Krisis wurde, und daß selbst der wirtschaftliche Niedergang von 1913/14 bei weitem nicht die Schärfen zeitigte, wie sie bei früheren Depressionsperioden zu Tage traten. Die stürmi-

sche mit großem Kapitalaufwand verbundene Revolution und Expansion in der deutschen Industrie, welche während der letzten Periode zu verzeichnen war, und welche unserem Wirtschaftsleben in weitem Maße die Signatur verlieh, war von dem Stadium der Konsolidierung abgelöst worden, das deutlich erkennen ließ, daß die deutsche Industrie auch in ihrer erweiterten Gestalt ein fest gefügtes Ganzes war, die entschlossen und dank ihrer durch technische Verbesserungen erreichten niedrigen Selbstkostenhöhe in der Lage war, sich auch von einem verminderten Weltmarktbedarf einen genügend großen Anteil zu verschaffen, um, wenn auch bei verminderten Gewinnen, nicht zur Arbeitslosigkeit gezwungen zu sein.

Den Beweis hierfür lieferte die Außenhandelsstatistik; während nämlich England und Amerika einen erheblichen Exportrückgang zu verzeichnen hatten, konnte Deutschland auf eine regelmäßige, andauernd hohe Ausfuhr hinweisen, die allerdings keine erhebliche Steigerung mehr zeigte ..." Ebenda.

7) Auf dem Balkan wollten die zu Ende des 19. Jahrhunderts entstandenen Staaten ihr Territorium auf Kosten des Osmanischen Reiches vergrößern, zwischen 1912 und 1913 kam es zu zwei Kriegen. In diese Konflikte wurden durch das Bündnissystem alle europäischen Großmächte einbezogen: Russland ab 1907 mit Frankreich und Großbritannien (Tripel-Entente) verbündet, unterstützte als Schutzmacht Serbiens dessen territoriale Ansprüche, die sich unter anderem gegen das von Österreich-Ungarn annektierte Bosnien und die Herzegowina richteten. Durch das Bündnis mit Österreich-Ungarn war indirekt auch das Deutsche Reich von den Konflikten auf dem Balkan betroffen. Die wiederholten

Krisen festigten die bestehenden Bündnisse und verstärkten bei den politischen und militärischen Entscheidungsträgern den Eindruck, dass ein Krieg in der Zukunft unausweichlich sei.

8) Vgl. Der deutsche Generalstab in Vorbereitung und Durchführung des Weltkrieges. Hermann Joseph von Kuhl. 2. neu bearbeitet Auflage. Erster Teil. Die Vorbereitung des Krieges.

3 Wehrbeitrag

Die Entwicklung des Jahres 1913 lässt keine Zweifel, dass wir uns in einer, zum Teil stark rückläufigen Bewegung auf industriellem Gebiete befinden. Dieser Umschwung fiel mit der tiefen Beunruhigung zusammen, welche die Balkanwirren hervorgerufen haben ... In erster Linie hatten Handel und Industrie unter den Befürchtungen vor europäischen Komplikationen zu leiden. Diese Befürchtungen erreichten teilweise einen so hohen Grad, dass Erscheinungen hervortraten, die, wie Runs auf Sparkassen und Thesaurierung großer Beträge baren Geldes, sich sonst nur in Zeiten von Mobilmachungen im eigenen Lande einzustellen pflegen. Zur gleichen Zeit mussten Handel und Industrie sich auch noch mit dem einmaligen Wehrbeitrag und der dauernden Erhöhung der Steuern abfinden, die durch die Notwendigkeit der Stärkung unserer Wehrkraft erforderlich wurden ... In den Berichten der übrigen Berliner Industriezweige kehren fast gleichmäßig die Klagen über die verminderte Kaufkraft, infolge der hohen Lebensmittelpreise, über den teuren Geldstand und die politische Beunruhigung während des Jahres 1913 wieder.

Dr. J. Kaempf, Präsident der Ältesten der Kaufmannschaft von Berlin.[1]

Mit dem Reichswehrgesetz von 1913 verabschiedete der Reichstag zugleich mit der Einführung eines einmaligen außerordentlichen Wehrbeitrags auf Vermögen und höhere Einkommen eine zusätzliche Finanzierungsgrundlage zur Heeresvermehrung. Frankreich hatte die Verlängerung der aktiven Militärdienstzeit von einem auf drei Jahre erwirkt und das deutsche Kaiserreich finanzierte die größte Aufrüstung seit Bestand des Reichs.

Die Gesetzesfindung im Reichstag brauchte drei Entwürfe und anfangs schien es, als wenn die meisten Deutschen mit einer neuen Steuer zur Kasse gebeten werden, sozusagen für eine „Kriegskontribution im Frieden".[2]

An der sozialdemokratischen Parteibasis kam es auch in Hamburg zu Protestaktionen gegen die geplante Aufrüstung.

Doch überhörten der Parteivorstand in Berlin und die Mehrheit der Reichstagsabgeordneten die Signale von unten, die SPD war seitdem Wahlerfolg 1912 von der „Industriearbeiterpartei" zu einer „Volkspartei" fortgeschritten, bereit zu Kompromissen und in sozialen Fragen zur Kooperation mit dem Staat. Als nach kontroversen Diskussionen und auf Drängen der SPD im Reichstag schließlich eine (beinahe) Reichensteuer vereinbart war, glätteten sich die Wogen der allgemeinen Empörung wieder.

Erstmals in der deutschen Geschichte wurden die „hochadeligen Herrschaften", der deutsche Kaiser, die Könige (von Bayern, Sachsen und Württemberg), die Großherzöge (von Baden und in beiden Mecklenburg) zu einer direkten Steuerzahlung verpflichtet. Aus damaliger Sicht schien der erreichte Kompromiss an der sozialdemokratischen Basis gut anzukommen und die „kleinen Leute" friedlich zu stimmen, die Arbeiter mussten schließlich nicht die Zeche bezahlen.

> Obgleich die Militärvorlage alles übertraf, was bisher da gewesen war, und trotz aller Kämpfe der sozialdemokratischen Fraktion des Reichstages, wurde sie doch von der bürgerlichen Mehrheit des Reichstages angenommen. Von einer weiteren Protestkundgebung sahen wir ab, da sich im Volke eine Gleichgültigkeit bemerkbar machte, nachdem bekannt geworden war, dass die Lasten der Militärvorlage durch eine Besitzsteuer getragen werden sollten.[3]

Gut gestellte Steuerzahler, größere Unternehmen und Aktiengesellschaften wurden zur Kasse gebeten, wodurch die Sozialdemokraten ihre Zustimmung zur Gesetzesvorlage im Reichstag gaben, wenn auch mit geteilter Meinung. Schon im Vorfeld kam vom Reichstagsabgeordneten Dr. E. Bernstein der Einwurf, dass damit das Geld aus dem Wirtschaftsleben selbst herausgezogen wird, und schließlich die Arbeiterschaft durch die entstehende Arbeitslosigkeit belasten kann, „aber weil und solange keine Aussicht vorhanden ist, im Reichstag eine Mehrheit für eine vernünftige Steuerpolitik zu erzielen, müssen wir darauf bestehen, dass wenigstens in dieser Form der privilegierte Besitz zu der Kriegskontribution herangezogen wird".

Unmengen an Geld verschlang die geplante Aufstockung der deutschen Armee und Marine mit 4.000 Offizieren, 14.850 Unteroffizieren, 117.000 Soldaten und 27.600 Pferden; mit neuen Formationen, Kriegsschulen, Kasernen, Ausbau der Ost-Festungen in Graudenz und Posen, Truppenübungsplätzen, mit modernen Waffen,

Bekleidung, mit Schiffen, Luftschiffen, Flugzeugen und Pferden.[4]

Den prozentual höchsten Aufschwung nahm die Verkehrstruppe (Eisenbahner, Telegraphisten, Kraftfahrer, Luftschiffer, Flieger), die von 18 auf 31 Bataillone anwuchs, was der wissenschaftlichen Entwicklung der modernen Technik entsprach. Allerdings wurde die Luftschiffertruppe (Lenkschiffe) erst 1913 selbstständig und auch die Fliegertruppe durchmachte schwere Geburtswehen. 1912 besaß die deutsche Armee nur 90 Flugzeugführer und 100 Flugzeuge, die Französische dagegen 234 Flieger und 390 Flugzeuge. Die Zahl der Armee-Inspektionen erhöhte sich auf acht.

Luftschiffer-Denkmal

Weiterhin sollten 268 Großbauten für Unterkünfte von Mannschaften und Pferden in Angriff genommen und bis 1915 zum Großteil abgeschlossen werden. Innerhalb von ein bis zwei Jahren entstanden darauf neue Garnisonen z. B. in München, in Villingen, in Trier und Koblenz, in Lahr, in Mühlhausen (Thüringen), Eilenburg in Sachsen oder Eutin in Schleswig-Holstein, andere Militäreinrichtungen wurden erweitert wie in Altona und Jena.

Juli 1914

> Unser Regiment, das man im Herbst 1912 neu aufgestellt hatte, war seit nahezu zwei Jahren auf dem Truppenübungsplatz untergebracht und sollte Anfang Oktober die dann vollendeten Kasernen in Altona beziehen. Schon freute sich ein Jeder auf das dann beginnende, abwechslungsreiche Leben in einer Großstadt, wobei besonders die Nähe Hamburgs verführerisch lockte, umso mehr als wir bei unserem abgeschiedenen Lagerleben den Landaufenthalt zur Genüge ausgekostet hatten. Da plötzlich zog am fernen Serbenhimmel das Gewitter herauf ...[5]

Die Heeresverwaltung veranschlagte für laufende Ausgaben auf Jahre hinaus: Für 1913 54 Millionen Mark, per 1914 153 und für 1915 186 Millionen Mark und einmalig 1.055 Millionen Mark, insgesamt 1 Milliarde und 295 Millionen Mark.[6]

Diese gewaltige Summe sollte durch den Wehrbeitrag und einer Vermögenszusatzsteuer auf die zahlungskräftige Bevölkerung, von Handel, begüterter Landwirtschaft und Industrie, abgesichert werden und den Militäretat auffüllen.

Als steuerpflichtig in gestaffelter Höhe galten Personen mit einem Jahreseinkommen ab 5.000 Mark (von 5.000-10.000 Mark = 1 Prozent) beziehungsweise mit einem Vermögen ab 10.000 Mark (ebenfalls gestaffelt). Der Höchstsatz lag bei einem steuerpflichtigen Vermögen von 5 Millionen Mark.

Im Monat Januar 1914 (vom 2. bis 20.) mussten die Einwohner von Hamburg, Harburg und Altona die ihnen zugestellten Formulare, mit den Angaben zu ihrem Einkommen, Grundbesitz etc. ausfüllen und einreichen. Die ganze Aktion lief im Rahmen und zusätzlich zu den jährlichen Steuerangaben für das Finanzamt. Für die Vaterlandsverteidigung wurde ein jeder aufgerufen, wahrheitsgetreue und richtige Angaben zum Vermögen zu machen, Differenzen zu früheren Auskünften blieben ungestraft bis zu einer angemessenen Höhe unberücksichtigt. Die Hamburger Zeitungen vermeldeten Ende Januar 1914, dass die meisten Stadt- und Landkreisbewohner die Wehrbeitragserklärungen pünktlich und ordnungsgemäß eingereicht hatten. Der vom Finanzamt ermittelte und festgesetzte Wehrbeitrag war dann in 3 Raten 1914/15/16 zu entrichten.

Es existierte gar ein „Generalpardon" (§ 68), das hieß, es gab eine Straffreiheit für nun entdeckte „kleine" Steuerhinterzieher. Nur wo der Steuerbetrug zu hoch ausfiel, folgte Strafverfolgung durch die Gerichte. Die Höchststrafe betrug das Zwanzigfache des unterschlagenen Betrags.

Aus der durch die Finanzämter veranlagten Gesamtsumme war absehbar, dass die einkommende Wehrsteuer bis 1916 gering unter der vom Reichstag geschätzten Summe (1,2 Milliarden Mark) bleiben würde. Im September 1914 war schon die erste Rate fällig, die Hamburger Zeitungen mahnten die Leser,

„Trotz Kriegsbelastung - Zahlt den Wehrbeitrag",

doch sollen dann zur ersten Rate etwa 315 Millionen Mark im gesamten Kaiserreich eingezahlt worden sein.

Es stellt sich die Frage, wodurch konnte so ein positives Ergebnis erzielt werden, wenn es in der Wirtschaft doch kurz vor Ausbruch des Krieges kriselte?

Tatsächlich sprach man allenthalben von der Grundehrlichkeit fürs Vaterland, für die Soldaten, schließlich für die eigenen Männer und Söhne. Was kaum zu vermuten war, kam in dieser staatlichen Aktion zutage, denn manche Stadt, auch kleinere, hörten erstmals von Millionären in ihrer Bürgerschaft. In Hamburg gab es über 50 Millionäre mit großen Vermögen aus Jahre langem Haus- und Grundbesitz und hohem Jahreseinkommen.

Und zweitens, entstand eine ungeheure Spendenbereitschaft unter den wohlhabenden Leuten und unzählige freiwillige Spenden ergaben das große Ganze. Eine Zeile in den Formularen ließ zur Steuerpflicht noch freiwillige Beiträge für das Heer zu.

Am 14. Mai 1914 bekundete Wilhelm II. per Erlass seinen persönlichen Dank:

> Erlass an den Reichskanzler: Aus ihrem Berichte habe ich mit großer Befriedigung entnommen, dass zahlreiche Deutsche im In- und Ausland freiwillige Beiträge zu den Kosten der Verstärkung der Wehrmacht geleistet haben. Es ist Mir ein Herzensbedürfnis allen, die durch solche Beiträge vaterländischen Opfersinn in rühmlicher Weise betätigt haben, Anerkennung und Dank auszusprechen.[7]

Das waren nur einige Eckpunkte einer allgemein für den Einzelnen doch recht komplizierten Steuerermittlung, weshalb die Zeitungen der Regionen mehrmals Erläuterungen und relevante Hinweise gaben.

Aus der Millionen-Stadt Hamburg entrichteten 37.840 Bürger Wehrbeitrag: davon 6.553 Einwohner aufgrund ihres beruflichen Jahreseinkommens über 5.000 Mark und 18.219 wegen Höhe des Einkommens und Vermögens zusammen sowie 13.068 Bürger nur auf für Vermögen. Weiterhin mussten 150 inländische und 120 ausländische Firmen (Aktiengesellschaften und Kommanditgesellschaften auf Aktien) Wehrbeitrag zahlen.

An konkreten Geldzahlungen bot sich folgendes Bild: Von Personen insgesamt 45.293.764 Mark, davon aus Vermögen 35.967.945 und aus Einkommen 9.316.819 Mark. Unternehmen: insgesamt 3.828.593 Mark, davon inländisch 3.408.648 und ausländisch 421.241 Mark. Wiederum offenbarte sich ein reiches Hamburg (der Vorkriegszeit.[8]

Die Nachbarstadt Wandsbek (Kreis Stormarn, Wandsbek wurde erst 1937 zu Hamburg eingemeindet) stand mit rund 450.000 Mark zu Buche.

Summa summarum brachten im Kaiserreich 28 deutsche Großstädte mit einer Einwohnerzahl von 8,5 Millionen Menschen rund 294 Millionen Mark auf. Als eine weitere reiche Stadt neben Hamburg erwies sich Charlottenburg mit 28 Millionen Mark und einer sehr hohen pro Kopfziffer von 92 Mark. Aus Stettin sollten 3,5 Millionen Mark in den Militäretat einfließen. Danzig erreichte 1,5 Millionen Mark, aber nur mit einer Summe von 9 Mark pro Einwohner.

Tatsächlich gab es einige überaus reiche Adelsfamilien im Kaiserreich, die ein großes Vermögen angehäuft hatten. Die fünf höchsten besteuerten Personen im

Deutschen Reich brachten zusammen die ansehnliche Summe von 22 Millionen Mark ein: Berta Krupp von Bohlen und Halbach steuerte am meisten, nämlich 8 Millionen und 800.000 Mark. Ihr folgte Fürst Guido Henckel von Donnersmark in Schlesien mit 4.200.000 Mark, ein Verwandter der Familie Bohlen-Bismarck zu Karlsburg bei Greifswald und 4.100.000 Mark fielen auf den deutschen Kaiser. An vierter Stelle stand der Großherzog von Mecklenburg-Schwerin mit 3.400.000 Mark und an fünfter Stelle folgte der Fürst von Thun und Taxis mit 1.500.000 Mark.

Zuletzt offenbarte der Wehrbeitrag die Abwanderung deutscher industrieller Großbetriebe in die Steueroasen der Schweiz.

Parallel zum Wehrbeitrag organisierte das Rote Kreuz eine groß angelegte, aber auf die einzelnen Bundesstaaten dezentralisiert Geldsammlung, die von Mai bis zum Jahresende 1914 dauern sollte. Das Rote Kreuz sah sich aufgrund der Stärkung der Wehrmacht verpflichtet seinerseits zu handeln, um mit medizinischem Personal und Material gerüstet zu sein. Und das deutsche Rote Kreuz verschwieg im Mai 1914 im Sammlungsaufruf an die Bevölkerung nicht das Wort „Krieg". Aufgefordert waren nicht mehr nur die „Reichen", sondern jetzt auch die „kleinen Leute"; jeder Groschen zählte und leistete Hilfe für die Rettung von Soldatenleben.

Der Zweck dieser Sammlung, die eine Folge der Wehrvorlage war, ging dahin, die finanzielle Ausstattung der freiwilligen Krankenpflege zu stärken. Die Sammlung entsprach, wie sich bald zeigen sollte, einem dringenden Bedürfnis, denn im August begann die Kriegstätigkeit der Vaterländischen Frauenvereine Preußen und der Frauenvereine in anderen Bundesstaaten, der Männer-Sanitätskolonnen vom Roten Kreuz; auf die sich alle in den langen Friedensjahren vorbereitet hatten.

Hamburger Arbeiter, Handwerksgesellen, Handlungsgehilfen, Hausfrauen spendeten für das Rote Kreuz 137.000 Mark.

Am 10. Juni 1914 wiederholte der Hamburgische Landesverein vom Roten Kreuz den Aufruf:

> Das Rote Kreuz hat einen Aufruf an das deutsche Volk erlassen. Es will, entsprechend der großen Heeresverstärkung, auch seine Kräfte und Mittel vermehren und dadurch seiner vaterländischen Pflicht genügen. Niemand weiß, wann die Prüfung eines Krieges an unser Volk herantreten wird; keinesfalls darf es den Verwundeten und Kranken dann an Hilfe fehlen. Ebenso wie das Heeres-Sanitätswesen muß auch das Rote Kreuz seine Rüstungen, der Heeresvermehrung entsprechend, erweitern. Vor allem gilt es, das erforderliche Personal bereit zu stellen und das Material zu beschaffen. Die Erfüllung dieser dringenden Pflicht kann nicht hinausgeschoben werden.
>
> Aber sie läßt sich nur durch Aufwendung außergewöhnlich hoher Geldmittel ermöglichen, die zunächst nicht vorhanden sind.
>
> Fünfzig Jahre lang hat sich das Rote Kreuz in Krieg und Frieden bewährt und unterstützt durch unser Volk, die jeweiligen Anforderungen stets zu erfüllen vermocht. Laßt es auch jetzt nicht im Stich, wenn es um Spenden bittet; es soll und wird Euren Männern und Vätern, Euren Söhnen und Brüdern in schwerer Stunde Hilfe bringen.[9]

Finanzielle Ressourcen waren aufgedeckt worden, doch schon mit Kriegsbeginn reichte der 1913 auf 360 Millionen Goldmark aufgestockte „Reichskriegsschatz"[10] nicht aus. Zur Deckung der laufenden Militärausgaben bewilligte der Reichstag am 4. August Kredite von bis zu fünf Milliarden Mark; nötigenfalls konnte die Summe höher ausfallen. Als neue kurzfristige Schuldtitel wurden neben den bekannten Schatzanweisungen „Reichsschatzwechsel" eingeführt.

Am 19. September 1914 wurde erstmals zum Kauf von Kriegsanleihen mit hohen Zinsen von 5 Prozent aufgerufen (Zur Konsolidierung der kurzfristigen Staatsschulden des Reichs). Mit dieser ersten Kriegsanleihe war aber die Illusion des schnellen Sieges bereits gescheitert. Trotzdem oder gerade deswegen erhöhte sich die Beteiligung. Während für die erste Anleihe im Kaiserreich 4,5 Milliarden Mark gezeichnet wurden, erbrachte die zweite bereits neun Milliarden und die dritte schließlich 12,1 Milliarden Mark. Jede Anleihe war zweifellos ein Erfolg, wurde als unkündbar bis 1924 und als die letzte angekündigt.

Zur Ersten zeichneten die Hamburger Einwohner, Betriebe, Kirchen und Vereine auf allen heimischen Geldinstituten 215 Millionen Mark, zur Zweiten mehr als 390 Millionen Mark, bei der Dritten waren es 460 Millionen, für die 4. Kriegsanleihe im April 1916 351 Millionen Mark.

Bis September 1918 finanzierte das deutsche Volk in patriotischer Pflichterfüllung im Halbjahresrhythmus Ausgaben, die zusammen rund 98 Milliarden Mark erbrachten und etwa 60 Prozent der Kriegskosten ausglichen.[11]

Viele Deutsche glaubten noch bis zuletzt an einen

Sieg. Sie kämpften und arbeiteten daher auch, um ihre Geldanleihen und ihre Ersparnisse zu verteidigen.

Mit der Inflation bis 1923 und der sich anschließenden Währungsreform entledigte sich die Weimarer Republik ihrer Zahlungsverpflichtungen und Millionen Deutsche verloren ihre Ersparnisse.

(Nr. 4250.) Gesetz über einen einmaligen außerordentlichen Wehrbeitrag. Vom 3. Juli 1913.

Wir Wilhelm, von Gottes Gnaden Deutscher Kaiser, König von Preußen ꝛc.

verordnen im Namen des Reichs, nach erfolgter Zustimmung des Bundesrats und des Reichstags, was folgt:

§ 1.

Zur Deckung der Kosten der Wehrvorlage wird nach den Vorschriften dieses Gesetzes ein einmaliger außerordentlicher Beitrag vom Vermögen und bei den im § 10 genannten Personen auch vom Einkommen erhoben.

§ 2.

Als Vermögen im Sinne des § 1 gilt, soweit das Gesetz nichts anderes vorschreibt, das gesamte bewegliche und unbewegliche Vermögen nach Abzug der Schulden. Es umfaßt:

1. Grundstücke einschließlich des Zubehörs (Grundvermögen);
2. das dem Betriebe der Land- oder Forstwirtschaft, des Bergbaues oder eines Gewerbes dienende Vermögen (Betriebsvermögen);
3. das gesamte sonstige Vermögen, das nicht Grund- oder Betriebsvermögen ist (Kapitalvermögen).

§ 3.

Den Grundstücken (§ 2 Nr. 1) stehen gleich Berechtigungen, für welche die sich auf Grundstücke beziehenden Vorschriften des bürgerlichen Rechtes gelten.

§ 4.

Zum Betriebsvermögen (§ 2 Nr. 2) gehören alle dem Unternehmen gewidmeten Gegenstände.

Das Betriebsvermögen einer offenen Handelsgesellschaft oder einer anderen Erwerbsgesellschaft, bei welcher der Gesellschafter als Unternehmer (Mitunternehmer) des Betriebs anzusehen ist, wird den einzelnen Teilhabern nach dem Verhältnis ihres Anteils zugerechnet.

§ 5.

Als Kapitalvermögen (§ 2 Nr. 3) kommen insbesondere, soweit die einzelnen Vermögensgegenstände nicht unter § 2 Nr. 1, § 3 oder unter § 2 Nr. 2, § 4 fallen, in Betracht:

1. selbständige Rechte und Gerechtigkeiten;
2. verzinsliche und unverzinsliche Kapitalforderungen jeder Art;
3. Aktien oder Anteilscheine, Kuxe, Geschäftsguthaben bei Genossenschaften, Geschäftsanteile und andere Gesellschaftseinlagen;

Erinnerungskarte – Kriegszeit 1914-15

Zimmermann

Kommentar

zum

Wehrbeitrag

mit

Ausführungsbestimmungen und Steuertabellen

Stuttgart
Verlag von J. Heß
1913

Plakatwerbung

Anmerkungen:

1) Kaempf, J.: Rückblick auf das Wirtschaftsjahr 1913. In: Vossische Zeitung vom 23. Dezember 1913.

2) Das „Gesetz über einen einmaligen außerordentlichen Wehrbeitrag" wurde im Reichstag kontrovers und heftig diskutiert bis schließlich der 3. Entwurf vom 30. Juni 1913 zur Abstimmung kam. Für die Vermögenszuwachssteuer stimmten die Sozialdemokraten, die Nationalliberalen, die Linksliberalen und etwa 70 Abgeordnete des Zentrums. 63 Konservative stimmten dagegen, 22 Abgeordnete des Zentrums enthielten sich.

3) Stralsunder Volkszeitung: Bericht des Bezirksvorstandes nebst Kassenberichten der Provinz Pommern. 2. Beilage zu Nr. 133 des Volksboten vom 11. Juni 1914.

4) Heeresvermehrung: Zielstellung war bis zum Jahr 1915 eine Sollstärke von 32.000 Offizieren, 110.000 Unteroffizieren und 661.478 an Mannschaften (Gemeine, Gefreite und Obergefreite), zu denen noch 16.850 Einjährig-Freiwillige hinzutraten, zu erreichen.

Die etatmäßige Friedensstärke betrug im ersten Halbjahr 1914 800.646 Mann, inbegriffen Offiziere, Unteroffiziere und Einjährig-Freiwillige. Deutschland besaß vor Ausbruch des Krieges die drittstärkste Armee in Europa. Die Kriegsstärke erreichte dann ab August-Monat 1914 mit der Mobilisierung rund 3,8 Millionen Mann, davon 2,4 Millionen im mobilen Feldheer.

5) Naucke, Otto: Zwei Kriegserzählungen von Otto Naucke.
6) Reichsarchiv. Der Weltkrieg 1914-18. Kriegsrüstung und Kriegswirtschaft I, S. 475.
7) Eichsfelder Tageblatt Nr. 122 vom Mai 1914 u.a.
8) Statistisches Jahrbuch für das Deutsche Reich. XV. Finanzwesen. 1919. S. 261-263.

Zu den Millionären zählte beispielsweise Max von Schinckel (* 26. Oktober 1849 in Hamburg; † 11. November 1938 in Hamburg-Blankenese). Nach der 1912 erschienenen Rangliste der vermögendsten Personen Hamburgs belegt Schinckel Rang 52 mit einem Vermögen von 4,7 Millionen Mark bei einem zu versteuerndem Jahreseinkommen von 450.000 Mark. Der Bankier (Norddeutsche Bank) und Wohltäter Schinckel erhielt 1917 die theologische Ehrendoktorwürde der Universität Rostock und den Adelstitel durch Kaiser Wilhelm II. Er übernahm 1907 2 Drittel der Baukosten zur Errichtung der St. Andreas-Kirche in Harvestehude.

9) Altonaer Nachrichten vom 26.6.1914.
10) Der Reichskriegsschatz wurde aus Kontributionszahlungen Frankreichs an das Deutsche Reich nach Beendigung des Deutsch-Französischen Krieges 1871 gebildet und sollte eine Mobilmachung ermöglichen. Er besaß einen Wert von 40 Millionen Talern (120 Millionen Goldmark) und wurde in 1.200 mit Goldmünzen gefüllten Kisten im Juliusturm der Zitadelle Spandau aufbewahrt.
11) Statistisches Jahrbuch für das Deutsche Reich. XV. Finanzwesen. 1919. S. 249.

4 Auf zum Militär

> Der gegenwärtige Krieg hat den sogenannten letzten Mann herangeholt; was nur eben tauglich war, musste in den Dienst innerhalb oder außerhalb unserer Grenzen.
>
> Die Daheimgebliebenen konnten von Aushebung zu Aushebung verfolgen, wie den Ganztauglichen nach und nach die Halbtauglichen folgten, bis nur sogenannte Untaugliche übrig blieben. Unter diesen gab es eine große Anzahl äußerlich ganz ansehnlicher und strammer Leute, die ein inneres Leiden, meist ein Herzfehler, zum vaterländischen Dienste untauglich machte.[1]

Die alljährliche Meldung zur Militärdienstpflicht[2] der Jahrgänge, die im Verlauf des nächsten Jahres das 20. Lebensjahr erreichten, wurde mit öffentlichen Bekanntmachungen in den Hamburger Zeitungen angekündigt; das war seit Jahrzehnten so auch Ende 1913, 1914 und blieb bis 1918 so, nur verjüngte sich im Krieg das Eintrittsalter auf das vollendete 17. Lebensjahr, bald wurde durch die hohen Kriegsverluste jede menschliche Reserve benötigt.

Vom 1. bis 15. Januar 1914 mussten sich alle jungen Männer der Aushebungsbezirke Hamburg, die vom 1. Januar bis einschließlich 31. Dezember 1894 geboren wurden, in den Amtsstellen Ecke Schlump und Kasernenweg in die Stammrolle für den Militärdienst eintragen lassen. Für diese Registrierung der neuen Militärpflichtigen hatten wieder Mal die Zivilvorsitzenden der Ersatzkommissionen I bis IV. aufgerufen.

Militärpflichtige mit hamburgischer Staatsangehörigkeit mussten diese bei der Anmeldung zur Stammrolle nachweisen, entweder durch einen auf ihre Person lautenden Staatsangehörigkeitsschein der Polizeibehörde oder durch den Bürgerbrief vom Vater.

Wer der Aufforderung nach Paragraf 25 der Wehrordnung nicht folgte, dem wurde wegen Verletzung der Wehrpflicht eine Geldstrafe bis zu 30 Mark oder als Ersatz 3 Tage Haft angedroht. Dadurch wurde von staatlicher Seite ein gewisser Druck auf die jungen Männer ausgeübt, damit sie ihrer Militärpflicht an Vaterland und Kaiser nachkamen.

Doch war die Drohung kaum notwendig, denn Schlagworte wie Pflichtbewusstsein und Ehre gehörten zur Erziehung in der Wilhelminischen Zeit.

Die Jung-Männer Hamburgs, wie sie genannt wurden, stiegen auf in die „stolze" Kategorie der bei der Heimat-Gemeinde registrierten Militärpflichtigen. Dieses Verfahren hieß beim Militär „Ersatzgeschäft" und in kurzer Zeit wusste die deutsche Heeresleitung zumindest auf dem Papier, mit welchen militärischen Reserven sie pro Jahrgang pauschal rechnen konnte. Anfang 1913 hatten sich im gesamten Kaiserreich 587.888 junge Leute in die Stammrollen eingeschrieben.

In den letzten Jahren vor dem Krieg sahen die jungen Männer, aus den Handwerksbetrieben zum Beispiel und oft organisiert in den Turnvereinen, der Einschreibung in die Stammrolle gelassen entgegen. Bis dahin waren die Pfade der Rekrutierung verschlungen und langwierig, es gab viele behördliche Formalitäten einzuhalten. So erfolgte nach der fristgerechten Einschreibung in die Stammrolle im März die persönliche Musterung auf physische und psychische Eignung hin, auf Gewicht, Körpergröße, Brustumfang, Sehschärfe und körperliche Fehler.

Und danach entschied in Friedenszeiten eine Losnummer über den Zeitpunkt des aktiven Militärdienstantritts. Eine hohe Loszahl, die man am Ende der Musterung auf dem Losungsschein mit nach Hause nahm, schob den Militärantritt in weite Ferne.

Tatsächlich überstieg die Anzahl der gemusterten Militärtauglichen bei Weitem die Zahl derjenigen, die einberufen wurden. Jährlich zog das Kaiserreich etwa 280.000 neue Rekruten ein, über 60.000 mehr hätte es mitunter sein können.[3]

Wen die Fügung sofort traf, für den begann im Oktober des Jahres der 2-3-jährige aktive Wehrdienst in den Militärbezirken des 9. Armeekorps (Altona) und er wurde stolzer Rekrut. Und die Verabschiedungen zur Armee im Herbst erfolgten feierlich durch die Vereine und in den Stadtteilen. Wie gesagt, die Einberufung war eine Ehre und Pflicht und dem wurde durch die Gemeinde ein öffentlicher Ausdruck verliehen.

Die Turnerschaften in Hamburg, Harburg oder Altona verabschiedeten ihre Jungs würdig und veranstaltete für die zukünftigen Soldaten einen geselligen Abend, wo die Redner von Stolz und Ehre der Jugend und von der Pflicht an Vaterland und Kaiser sprachen. Wie die Turnvereine in Altona, die Altonaer Turnerschaft von 1880, der Altonaer Turnverein (gegr. 1815), der Bahrenfelder Männerturnverein von 1898, e. V., der Hammer Turnverein von 1895, der Hamburger Lehrerturnverein oder der Ottensener Männerturnverein, betrachtete überall die Turnerschaft sich schon in Friedenszeiten als wichtiger Vorbereiter der Jungen für eine ausreichende körperliche Ertüchtigung und Belastbarkeit des künftigen Soldaten.

> Glühend brannte die Sonne auf die endlose Marschkolonne. Dicht lastete der Staub über den Marschierenden und immer bergauf, bergab, bergauf. Und weiter, immer weiter! Bei Gemmenich ging es mit brausendem Hurra über die Grenze. Das viele noch ungewohnte, schwere Gepäck drückte; die neuen Stiefel und Uniformen waren unbequem, doch keiner baute ab. Manch einer hat in jenen heißen Vormarschtagen in vorbildlicher Kameradschaft zwei Tornister geschleppt ... Am Abend wurde endlich nach fast 50 km langem Marsch bei sengender Hochsommersonne Aux Saules erreicht.[4]

Ebenso rührig verabschiedeten die Rasensportvereine ihre Eleven zum Militär. Der Altonaer F. C. von 1893, kurz „Altona 93" zählte 1914 über 1000 Mitglieder, spielte Fußball mit 15 Verbandsmannschaften in der norddeutschen Meisterschaft, weiterhin Tennis und betrieb Leichtathletik. Der Kontakt wurde oft bis zur feierlichen Vereidigung Ende Oktober gepflegt, die in den Kirchen stattfand, getrennt für die Mannschaften nach evangelischer, katholischer und mosaischer Konfession.

Turnstunde an der Front

Wettkämpfe in der Etappe

In der Tat begann für die Männer immer im Oktober ein neuer Lebensabschnitt, kaum keiner wusste wohl um die realen Veränderungen und Anforderungen in der Kaserne, so verbrachten sie die Zeit bis zum Auszug wie junge Leute es tun pflegten ausgelassen. Die Herbstfeste gaben beste Gelegenheit den Abschied lang und in die Nacht hinauszuzögern. Nicht nur dies, gelegentlich zogen die Jungen in Gruppen von Haus zu Haus und lockten den gutmütigen Leuten Essen und Geld aus der Tasche. Natürlich wurden darüber Klagen aus der Bürgerschaft geführt, doch war es Jahr für Jahr dasselbe ungezügelte jugendliche Spektakel, aber Oktober 1913 letztmalig. Und gleich nach Kriegsbeginn gehörte so etwas nicht mehr nur nicht zum guten Ton, sondern wurde von der Polizei verboten. Dem „Umherflierten von jugendlichen Personen beiderlei Geschlechts" nach 21 Uhr auf den Straßen wurde ein Ende bereitet.

Der Herbst 1913 sorgte bei den Rekruten für einen besonderen Anreiz. Zum 1. Oktober wurde die tägliche Löhnung von 22 auf 30 Pfennig erhöht, zum ersten Mal erhielten sie beim Löhnungsappel statt 2,20 Mark 3 Mark und die Gefreiten füllten den Brustbeutel mit 3,50 Mark.

Bis 1918, also fünf Jahre später, da hatten sich die Verhältnisse für die Rekruten gravierend verändert, da waren die jungen Männer nicht mehr die von 1913.

Die Kriegsanwärter von 1914-18 wuchsen gerade in den wichtigsten Jahren ihrer physischen und geistigen Entwicklung unter ganz abnormen Verhältnissen heran. In der Ernährung waren sie schlechter gestellt als ihre Altersgenossen vor dem Krieg. Viele durchlebten das

Unglück und die Schwere des Lebens durch Verlust und Tod des Vaters, von Brüdern oder Freunden. Sie lernten mit Kritik im öffentlichen und in ihrem privaten Leben umzugehen und standen oft selbst frühreif im Chor der Beschwerdeführer. Andererseits genoss ein großer Teil vermöge der kriegswirtschaftlich bedingten hohen Löhne und Gehälter die Freuden des Lebens mehr als ihrer Jugend dienlich und angemessen war.

Mit dem Januar 1914 und nicht erst mit dem 1. August 1914, erhöhte sich der Arbeitsaufwand für die „Ersatzkommissionen" enorm. Die militärischen Regularien für die Rekrutierung veränderten, verschärften sich. Bei der Militärmusterung wechselte die medizinische Tauglichkeitsbewertung von bisher einer Stufe auf zwei. Stufe I bedeutete tauglich, sofort rekrutierungsfähig und Stadium 2 ebenfalls brauchbar, aber erst in Aussicht, zeitweise Zurückstellung und Nachmusterung.5

Im Krieg erfolgte die Einberufung der jungen Rekruten und der älteren Landwehrmänner in die Garnisonen und Ausbildungslager Woche für Woche, wie eben die erweiterten oder neu gebauten Garnisonsgebäude im Kaiserreich bezogen werden konnten oder wie sich die alten Kasernen leerten.

Gegen einen Kriegseinsatz gab es nur noch wenige akzeptierbare gesundheitliche Gründe. Durch das 1915 vom Reichstag verabschiedete „Gesetz zur Abänderung des Reichsmilitärgesetzes sowie des Gesetzes, betreffend Änderungen der Wehrpflicht, vom 11. Februar 1888" wurde die nochmalige Musterung der früher dauernd, untauglich befundenen Wehrpflichtigen legitimiert. Die Militärärzte waren angehalten strengere Maßstäbe für gesundheitliche Entlassungsgründe aus der Wehrdienstpflicht anzulegen. Für die Festlegung einheitlicher, medizinisch-wissenschaftlicher Kriteren fehlte allerdings die Zeit.

> Dass sich häufig Mannschaften unter Angabe schwer zu kontrollierender Erkrankungen, wie Rheumatismus, Herzleiden und so weiter dem Dienst an der Front entziehen. Die Truppenärzte müssen in dieser Beziehung unbedingt einen strengen Maßstab anlegen. Besonders eindringlicher Hinweise wird es bedürfen bei den Reserve-, Landwehr- und Landsturmtruppenteilen, bei denen Militärärzte des Beurlaubtenstandes, die zum Teil zu weniger militärische Auffassung neigen, den Sanitätsdienst versehen. Gezeichnet von Falkenhain, Großes Hauptquartier den 11. August 1915.[5]

Für nicht „kampffähige" Männer führte das Kriegsministerium die Einstufungen gv (garnisonsverwendungsfähig) und av (arbeitsverwendungsfähig) ein. Sie waren nur vom direkten Gefechtsdienst befreit, konnten aber als Burschen, Ordonanzen, Schreiber, Köche, Handwerker, Trainpersonal, Wachmannschaften usw. ebenso in vorderster Linie eingesetzt werden.

Im Ersten Weltkrieg wurden dann so viele deutsche Männer für den Dienst im Heer rekrutiert wie nie zuvor. Der Deutsch-Französische Krieg 1870/71 mobilisierte 1.146.000 Mann bei einer Bevölkerung von 40 Millionen, etwa 5 Prozent aller Männer. Für Deutschland kämpften jetzt 13,3 Millionen. Dazu waren im letzten Kriegsjahr 1918 rund 2,5 Millionen wehrpflichtige Männer in der heimatlichen Kriegsindustrie tätig. Insgesamt wird die Zahl der Soldaten aus allen beteiligten Ländern im „Großen Krieg" auf etwa 70 Millionen geschätzt.

Den Hinterbliebenen von deutschen Gefallenen standen „Gnadenlöhnung", Weiterzahlung von einer Monats-Löhnung, Kriegerwitwengeld, Waisengeld oder Kriegselterngeld zu.

Humoristische Postkarte Musterung

Humoristische Postkarte Aushebung

Schießübung

Lockstedter Lager - Truppenübungsplatz des IX. Armeekorps

Infanterie-Regiment „Hamburg“ (2. Hanseatisches) Nr. 76 rückt am 7. Aug. 1914 ins Feld

Anmerkungen:

1) Winter, Wilhelm: Der Weltkrieg und die Leibesübungen: freie Bahn für deutsches Turnen, Spiel und ..., 1916 S. 1.

2) Dienstpflicht/Wehrpflicht: Jeder männliche Deutsche war vom vollendeten 17. bis zum vollendeten 45. Lebensjahr wehrpflichtig und konnte vom 20. bis zum 39. Lebensjahr zum aktiven Militärdienst im Heer und in der Marine herangezogen werden. Die Dienstpflicht teilte sich in:
1. aktive Dienstpflicht (2 Jahre, aber bei Kavallerie, reitende Artillerie und Marine 3 Jahre),
2. danach Übernahme in die Reservepflicht (5 bzw. 4 Jahre),
3. Landwehrpflicht, ebenso Seewehrpflicht (3-5 Jahre),
4. Ersatzreservepflicht (12 Jahre).
Nach den Reservepflichtjahren erfolgte der Übergang zur Landwehr/Landsturm. Zum Landsturm gehörten damit alle Deutschen von 17 bis 45 Jahren (vollendet), welche zum Zeitpunkt nicht im Heer oder bei der Marine dienten.

3) Der Kriegsminister teilte am 5. Mai 1914 im Reichstag mit, dass im Jahr 1913 aus verschiedensten Gründen 38000 als dienstfähig gemusterte junge Männer nicht einberufen werden konnten und somit nicht ausgebildet sind. Die Anzahl entspricht einem Armeekorps. Vermutlich waren die Gründe: fehlende Kasernenplätze und Ausbilder. In: Der Weltkrieg 1914 bis 1918. Bearb. im Reichsarchiv Potsdam: Kriegsrüstung und Kriegswirtschaft, Berlin 1930, Teil 1: S. 193.

4) Simons, E. M.: Drei Monate Regimentsarzt im

Ostheere. 1915, S. 15.
5) Barther Zeitung vom 28. Januar 1914.
6) ebenda.
7) ebenda vom 9. März 1914.
5) germandocsinrussia.org: Deutsche Beuteakten zum Ersten Weltkrieg im Zentralarchiv des Verteidigungsministeriums der Russischen Förderation (Bestand 500, Findbuch 12519): Akte Nr. 80 „Befehle, Anweisungen, Meldungen und Funksprüche des Oberbefehlshabers Ost.

5 Drohender Kriegszustand

Die evangelische Kirche Preußens ließ im Mai 1914 das allgemeine (Heeres)Gebet erneuern:

> Gott beschütze das königliche Kriegsheer und die gesamte deutsche Kriegsmacht zu Lande und zu Wasser, in Sonderheit die Schiffe und die Luftfahrzeuge, die auf Fahrt sind.

Kein Wunder, wenn unmittelbar vor Kriegsbeginn mehr oder minder im Bürgertum Militarismus und Nationalismus großgeschrieben wurden. Ein politischer Gegenwind, insbesondere aus den Reihen der SPD und der Gewerkschaften, wurde oft übertönt von der Macht der mitlaufenden militanten Masse.

Und dann kam der Sommer. In Hamburg soll der Sommer 1914 besonders heiß gewesen sein. Er brachte der Stadt in diesem Jahr den ersehnten Hochbetrieb im Tourismus und Fremdenverkehr.

Zunächst erwartete die Hansestadt Ende Juni den deutschen Kaiser Wilhelm II.

Von Hannover fuhr der Kaiser am 20. Juni nach Hamburg, wo er um 2 Uhr eintraf, um sich in seine Jacht „Hohenzollern" an den St. Pauli-Landungbrücken einzuschiffen. Nachmittags um 3 Uhr fand auf der Werft von Blohm & Voss der Stapellauf des gebauten dritten Riesendampfers der Imperatorklasse für die Hamburg-Amerika-Linie statt.

Stapellauf 1912

Stapellauf 20. Juni 1914

Kaiserliche Hohenzollernjacht

Am Sonntag, 21. Juni, besuchte er die Gartenbau-Ausstellung in Altona, um dann dem Auguste Viktoria-Jagdrennen auf der Horner Rennbahn beizuwohnen. Am Montag fuhr der Wilhelm II. nach einem Frühstück bei Generaldirektor Ballin mit der Jacht nach Brunsbüttel zur Regatta des Norddeutschen Regattavereins.[1]

Eine Woche später unterbrach der Schicksalstag vom 28. Juni, das Attentat von Sarajewo auf den österreichisch-ungarischen Thronfolger und seine Gattin, die sommerliche Idylle. Der 28. Juni war ein Sonntag und spätestens am frühen Nachmittag liefen in Deutschland die Telegrafendrähte heiß. In Hamburg und Berlin verteilten am Abend die Zeitungsjungen die ersten Extrablätter und sie wurden umfangreich kommentiert, auch über die politischen Folgen:

Erzherzog Franz Ferdinand und Gattin vor dem Rathaus in Sarajevo

> Die äußere Politik Österreichs könnte durch den Mord von Sarajewo leicht in neue Wirbel und Strudel gelenkt werden.

Ganz Europa erstarrte vor Schreck, einige Tage blieb der Anschlag in Sarajevo das beherrschende Thema, doch zog für die meisten Menschen bald wieder der Alltag ein. Von der sogenannten (politischen) Juli-Krise bekamen die meisten Leute nicht viel mit.

> An einem schönen Sonntag des verflossenen Sommers kehrten unsere sieben: ein Schuldirektor, zwei Lehrer, zwei Maler, ein Arzt und ein Schriftsteller von einer Fußwanderung nach Hamburg zurück. Hier traf uns die Schreckensnachricht von dem scheußlichen serbischen Meuchelmord in Sarajewo. Wir hatten ohne Ausnahme dasselbe Gefühl, daß hier ein folgenschweres Ereignis von weltgeschichtlicher Bedeutung vorliege; aber nicht einer von uns erwog auch nur von Weitem die Möglichkeit, daß Deutschland in einen Krieg verwickelt werden könnte. Ich betone, daß es sich um sieben politisch interessierte Leute aus der gebildeten Gesellschaft handelte.[2]

Und die anderen Hamburger? Wer konnte, reiste im Juli in die Sommerfrische an die Nord- und Ostsee, wo sich in den Bäderlisten sogar eine bessere Tendenz als in den beiden Vorjahren abzeichnete: Helgoland per 18. Juli 11.912 Badegäste, Westerland bis zum 18. Juli

13.084 Besucher und bis zum 15. Juli in Wangerooge 8.891, in Norderney 18.222 und am Timmendorfer Strand 5.053 Feriengäste.

Die Ostseebäder Niendorf und Warnemünde meldeten bis zum 20. Juli 3.677 bzw. 12.266 Sommerfrischler. Die Bahn verkaufte in Berlin auf dem Stettiner Bahnhof vom 2. bis 7. Juli 123.500 Fahrkarten zu den Badeorten an der Ostsee. Es war eben Sommerzeit und damit Ferien- und Badesaison, die Bade- und Bewegungskultur an der offenen See war groß in Mode gekommen. Am 5. Juli begannen hier die großen Ferien und sollten vier Wochen dauern.

Der Juli[3] war in Hamburg, Harburg und Altona voller Pläne und Termine, so fast überall: Deutscher Böttchertag am 8. Juli in Altona; nationales Schwimmfest in Hamburg am 8. Juli, ausgetragen durch den „Hamburger S. V. von 1894"; Sommerfeste der einheimischen Vereine, Schützenfest vom 7.-9- Juli in Bergedorf. In Altona öffnete die große Gartenbauausstellung ihre Pforten, in Hamburg der Stadtpark. In der

Woche vom 13. bis 19. Juli lockte die Gartenbauausstellung insgesamt 109.983 Personen ins Grüne, davon zahlende Besucher 43.924, Dauerkarten nutzten 66.059 Gäste. Tausende Großstädter suchten in den modernen Parkanlagen Erholung und Entspannung. Oder, der Verein ehemalige 15-er Husaren für Altona und Umgegend hielt seine gut besuchte Mitgliederversammlung ab.

> „Was meinen Sie", sagte meine Frau zu unserm Vogt, „wird es Krieg geben?" - „Gott, gnädige Frau," antwortete er achselzuckend von seinem Wagen, dessen hochgetürmte Heuladung die Äste der Linden vor der Tür streiften, „das schwatzen im Krug bloß die, die nicht mitbrauchen." Zu wahnsinnig erschien der Krieg in dieser sommerlichen Friedensfülle."[4]

Auch beim Militär verlief scheinbar alles wie geplant. Am 23. Juli begannen für die hanseatischen Infanterie-Regimenter Bremen, Hamburg und Lübeck das gefechtsmäßige Schießen und das Bataillons-, Regiments- und Brigade-Exerzieren und sollten bis zum 15. August verlaufen. Einzige Veränderung zu den Vorjahren: diesmal nicht auf dem Truppenübungsplatz des IX. Armeekorps, im Lockstedter Lager, sondern im Munster-Lager, zwischen Soltau und Uelzen, auf dem Truppenübungsplatz des X. Armeekorps (Hannover).

Am gleichen Tag kehrte der „Imperator" aus New York zurück. Weder die Passagiere noch die Besatzung ahnten, dass dies die letzte Fahrt für den Riesenampfer sein sollte.

Der Hamburger Senat und die Bürgerschaft traten in die wohl verdiente Sommerpause bis zum 16. September ein, nicht ahnend, dass sie sich am 6. August zur 1. außerordentlichen Kriegssitzung wieder treffen mussten.

Und dann nahm der Alltag eine radikale Wendung, denn am 22. Juli stellte Österreich-Ungarn das Ultimatum am Serbien.

„23. Juli. (Westerland-Sylt). Auf und unter der großen Plattform von Westerland steht hohe Brandung. Es ist, als ob alle Menschen von der unterirdischen Erregung gepackt worden sind, als ob die hohen Sturmwogen der Nordsee die Leidenschaften gepeitscht hätten. Am Sonnabendmittag begann es. Die „Note" ward bekannt worden, und nun erwachte in Allen das Zoon politicon. Die gute Stunde für die Legenden und Sensationen war angebrochen.[5]

26. Juli. Sonntagmorgen.

Der Sturmwind bläst aus Süden. Die Brandung steht hoch, aber die Plattform ist doch wieder voller Menschen. Der Kaiser ist von der Nordlandreise zurückgekehrt - der serbische Generalstabschef gefangen genommen worden. Das

> Reisebureau der Hapag wird umlagert. Tausend ängstliche und unnütze Frager wollen Antwort - können wir noch ohne Sorgen zurück - werden die Fahrten um Helgoland nicht eingestellt? Einer kann gar nicht allen antworten."[6]

Am 28. Juli 1914 erklärte Österreich-Ungarn Serbien den Krieg, ohne allerdings schon die totale Mobilmachung auszurufen (von 16 Armeekorps wurden neun mobilisiert).

An warnenden Stimmen vor einem Vielvölkerkrieg fehlte es jenseits der Reichshauptstadt auch in Hamburg nicht, insbesondere aus den Reihen der SPD und der Gewerkschaften waren die abhaltenden politischen Stimmen vor einem Krieg laut geworden. In vielen deutschen Städten gab es in den letzten Tagen und Stunden des Juli unter der Bezeichnung „Volksversammlung" Protestversammlungen der SPD gegen die akute Kriegsgefahr: Apolda, Berlin, Jena, Eisenach, Ilmenau, Neustadt-Orla, Rastenberg, Stettin, Weida, Weimar u. a. Der größte Menschenauflauf ereignete sich in Berlin. In der Reichshauptstadt hatte die SPD-Führung ihre Anhänger am 28. Juli auf zu einer großen Demonstration für den Erhalt des Friedens aufgerufen. Der „Vorwärts", das Zentralorgan der SPD, verurteilte die „frivole Kriegsprovokation der österreich-ungarischen Regierung". Zum Juli-August-Wochenende erließ der Berliner Polizeipräsident Jagow ein Demonstrationsverbot. Statt eines großen Marsches fanden in der Reichshauptstadt und ihren Vororten insgesamt 32 formal geschlossene Versammlungen für Parteimitglieder statt, mit mindestens 30.000, wahrscheinlich aber mehr als 100.000 Teilnehmern.

Im Großraum Hamburg, einschließlich Altona, Ottensen, Harburg, Wilhelmsburg und Schiffbek berief die Sozialdemokratie einundzwanzig Volksversammlungen am 28. Juli ein, an denen sich etwa 25.000 Personen beteiligten. Etwa jeder vierte hamburgische Sozialdemokrat bekundete an diesem Tag öffentlich sein Interesse für die Erhaltung des Friedens. Wo blieben die anderen. Zu Hause.

Sorgfältig belauschte ein Vertreter der politischen Polizei jede Versammlung und machte eifrig Notizen:

> Barmbeck: Auf der SPD-Protestveranstaltung am 28. Juli 1914 im „Victoriagarten" waren 3000 Personen anwesend, davon 500 Frauen.
>
> Rothenburgsort: Bericht des Wachtmeisters Burow über (die) öffentliche Versammlung der sozialdemokratischen Partei am 28. Juli im Lokale von Bock in Rothenburgsort, einberufen (von) Seeler, eröffnet 9 Uhr abends, überwacht durch Wachtmeister Burow. Anwesend waren 2000 Personen, den Vorsitz führte Seeler.
>
> Veddel: Bericht des Schutzmanns Lehmann, betr. ausgeübte Vigilanz bei der am 28.7.14 im Veddeler Hof stattgefundenen Volksversammlung. Beginn 9.00 Uhr, Ende 10.15 Uhr abends. Anwesend etwa 900 Personen, von 17 bis 60 Jahren, darunter etwa 75 Frauen.[7]

Wegen angeblicher „Unordnungen und Ruhestörungen" erließ die Polizeibehörde am 30. Juli ein generelles Kundgebungs- und Demonstrationsverbot. „Störungen" gegen die Versammlungen fanden ohne Zweifel statt, aber berechtigten sie zu dieser rigorosen Maßnahme?

Doch von nun an gab es in den Hamburger Zeitungen täglich eine Hiobsbotschaft nach der anderen, Schlagzeile: „Die Weltkriegsgefahr"!

Im Deutschen Kaiserreich kehrten alle auf Übungen und Märschen sich befindlichen Truppen in die Kasernen bis spät abends am 29. Juli zurück.

Am 31. Juli vormittags tauchten weitere beunruhigende Nachrichten auf. Es wurde bekannt, dass die Hamburg-Amerika-Linie[8], die für den 31. Juli angesetzte Ausfahrt des „Imperators" aussetzte und dass die „Vaterland" in New York bleiben sollte. Ebenso, das die Deutsche Ostafrika-Linie[9] die Kapitäne angewiesen hatte, sofort neutrale Häfen anzulaufen. Und schließlich rief die Deutsche Levante-Linie[10] ihre Dampfer aus dem Schwarzen Meer zurück. Zwar sickerten diese Meldungen nur langsam durch, doch wer sie erfuhr, trug sie voller Unruhe weiter.

> Die Stadt gleicht einem aufgescheuchten Bienenschwarme. Die Geschäftigkeit, die Eile, alles nach dem Merkzettel zu erledigen - diese Physiognomie des Alltags ist verändert. Es ist keine Stockung in den Geschäften und doch fühlt jeder, dass es gilt, zu erledigen, was noch in der Schwebe ist und - kaufmännisch gesprochen - die Post fertig zu machen.[11]

Noch war Vormittag und der Rathausmarkt zeigte zur Börsenstunde wie gewohnt emsiges Treiben. In Scharen strömten die Kaufleute aus allen Straßen zur Börse, wie immer hatten sie es besonders eilig. Wie sonst wollte Niemand zu spät kommen. Jeder pokerte etwas mit der Zeit, die er vom Kontor bis zur Börse brauchte, starrköpfig und stolz hielt der hanseatische Kaufmann an der alten Tradition fest, erst in den letzten Minuten zur Börse zu gehen. Doch heute war auf dem Weg viel zu bedenken und abzuwägen. Der Kurssturz in vergangener Woche lag noch Allen in den Knochen.

Am frühen Nachmittag des 31. Juli fiel in Berlin die erste folgenschwere politische Entscheidung für einen Krieg. Im Stadtschloss hatte Kaiser Wilhelm II. den Reichskanzler Theobald von Bethmann-Hollweg und Generalstabschef Helmuth von Moltke den Jüngeren zu einer halbstündigen Lagebesprechung empfangen. Von Moltke unterbreitete mehrere Resolutionen, darunter die wichtigste, die Order über den „drohenden Kriegszustand". Der Kaiser unterschrieb im Stehen.

Damit rief Wilhelm II. aufgrund des Artikels 68 der Reichsverfassung den „drohenden Kriegszustand" über Deutschland aus, außer über Bayern[12], das tat der König von Bayern.

Die „innere Front" war drei Tage vor dem 1. Mobilmachungstag der Armee (2. August) eröffnet. Durch diese äußerste militär-politische Maßnahme konnten die kommandierenden und später die stellvertretenden, kommandierenden Generäle in militärischen als auch auf zivile Verwaltungsangelegenheiten direkt Einfluss nehmen, indem sie Befehle erteilten und das sollte bis Herbst 1918 und teilweise noch im 1. Halbjahr 1919 so bleiben. Der Stadtstaat Hamburg, die Freien Hansestädte Bremen und Lübeck, die preußische Provinz Schleswig-Holstein und die beiden mecklenburgischen Großherzogtümer unterstanden dem IX. Armeekorps[13] mit Sitz in Altona unter Führung des Generals Ferdinand von Quast (1850-1939). Der General der Infanterie führte die aktiven Truppen in den Krieg und seine Befehlsgewalt in der Heimat übernahm ab Mitte August der Stellvertretende Kommandierende General Maximilian von Roehl. Am 5. Juni 1916 löste der General der Infanterie Adalbert von Falk ihn ab. Zum Generalstab gehörten 1917 etwa 400 Militärs und Zivilangestellte.

Sitz des Generalkommandos in Altona

Die Meldung vom Kriegszustand wurde von Berlin aus in alle Orte des Kaiserreichs telegrafiert und öffentlich bekannt gegeben. Letztendlich war innerhalb von etwa 2 Stunden das gesamte Kaiserreich in militärische Alarmbereitschaft versetzt worden.

Nach 17 Uhr ging die brandeilige „elektrische Drahtmeldung" auch auf dem Kaiserlichen Postämtern in Hamburg, Harburg und Altona ein und wurde von dort aus durch Boten in die Dörfer verbreitet.

In den Garnisonsstädten wurde die Nachricht durch das Militär ausgetrommelt.[14] Ein Trupp Soldaten marschierte durch Hamburg. An der Spitze ritt ein Offizier, der am Gänsemarkt, am Jungfernstieg, am Rathausmarkt und anderen öffentlichen Plätzen halt machte und mit lauter Stimme die kaiserliche Verordnung über die Verhängung des Kriegszustands verlas.

Der „drohende Kriegszustand" verlangte im militärischen Sinn die sofortige Grenzsicherung im Westen und Osten, des Weiteren den Schutz aller Transportwege zu Wasser und zu Lande und der Luft. Das bedeutete, dass Eisenbahnnetze, Schifffahrtswege, Kanäle, Häfen usw. für den bevorstehenden Aufmarsch zur Verfügung stehen mussten.

In Berlin hielt um 18 Uhr der Kaiser vom Balkon des Stadtschlosses seine patriotische Ansprache an das versammelte Volk.

> Eine schwere Stunde ist heute über Deutschland hereingebrochen. Neider überall zwingen uns zu gerechter Verteidigung. Man drückt uns das Schwert in die Hand. Ich hoffe, dass, wenn es nicht in letzter Stunde meinen Bemühungen

> gelingt, die Gegner zum Einsehen zu bringen und den Frieden zu erhalten, wir das Schwert mit Gottes Hilfe so führen werden, dass wir es mit Ehren wieder in die Scheide stecken können. Enorme Opfer an Gut und Blut würde ein Krieg vom deutschen Volke erfordern, den Gegnern aber würden wir zeigen, was es heißt, Deutschland anzugreifen. Und nun empfehle ich Euch Gott. Jetzt geht in die Kirche, kniet nieder vor Gott und bittet ihn um Hilfe für unser braves Heer![15]

Noch am Abend des 31. Juli erließ der Hamburger Senat einen Aufruf, in dem es hieß, dass die vollziehende Gewalt an den Kommandierenden General des 9. Armeekorps übergegangen sei und alle Zivilverwaltungs- und Gemeindebehörden innerhalb des hamburgischen Staatsgebiets dessen Anordnungen Folge zu leisten hätten. Gleichzeitig machte die Deputation für Handel und Schifffahrt bekannt, dass allen in Hamburg, Finkenwerder und Cuxhaven liegenden Schiffen das Auslaufen aus dem Hafen verboten sei.

Der „drohende Kriegszustand" verlangte die sofortige Grenzsicherung im Westen und Osten, des Weiteren den Schutz der Eisenbahnen, Schifffahrtswege und Häfen usw. für den bevorstehenden Aufmarsch.

Und die Menschen, wie reagierten sie beispielsweise in Hamburg auf diese Nachrichten.

> Die Menschen rotteten sich zu Haufen vor den Anschlagsäulen zusammen und vielen wich das Blut aus dem Gesicht. Das ist der Krieg - fühl-

ten alle. Da kommt etwas auf uns zu, wie ein wandernder Berg, und wir können uns nicht bewegen. Wir können nicht vor dem Unheil entfliehen. Es ist nicht möglich - wir müssen hier stehen bleiben.

Niemand war so stark, dass er das Furchtbare sich ganz ausdenken konnte. Da hatte man nun Jahr um Jahr mit dem Gedanken gewissermaßen gespielt. Aber man fühlte sich doch wie in der Lage des Spaziergängers vor dem Löwenkäfig im Zoologischen Garten. Die Bestie lag wohl geschützt hinter eisernen Stäben. Und man konnte sie in Ruhe und mit geheimem Grausen betrachten. So hatten wir das Kriegsgespenst von fern betrachtet. Nun hatte ein Wärter den Käfig geöffnet.[16]

Am Abend ging es in den Straßen kaum vorwärts, Jungfernstieg, Rathausmarkt, Große Bleichen, Neuer Wall, Gänsemarkt und insbesondere das Zeitungsviertel, waren nicht mehr zu passieren. Die Menschen glaubten, dass jeder Augenblick eine neue Nachricht bringen müsste. Die Ereignisse konnten sich gar nicht rasch genug überstürzen. In der Masse wurden patriotische Lieder gesungen. Die Heißglut der Erregung war nicht mehr abzukühlen. Extrablatt, Extrablatt. In diesen letzten Juli-Tagen und im August verdienten sich 650 Kinder ein Zusatzbrot mit dem Austragen von Zeitungen und Extrablättern. Die Entlohnung betrug bis zu 18 Pfennigen für die Ausgabe pro Monat.

Im Kaffee Belvedere vergaßen vor Enthusiasmus „überschäumende" Jugendliche ihre Zeche zu bezahlen, als sie vor dem österreichischen Konsulat demonstrieren wollten.

> Die Jugend regierte die Stunde unbarmherzig und ohne Besinnung. Wer nicht mitsang, war Verräter oder Spion - und wurde sehr unsanft behandelt.[17]

Auf einmal wurden die Leute sehr geschäftig, jetzt war alles anders, denn die ungeheure Anspannung, die seit einigen Tagen die Menschen im Bann gehalten hatte, war jäh gebrochen.

> Der Fußweg von der Kirchenallee zum Glockengießerwall wurde bewacht. Das schien

> uns, da wir in Hamburg so selten Militär sehen, schon seltsam genug. Und dann die Montur, die Kriegsfarbe, die nur auf Festigkeit berechneten rohrindledernen Stiefel, die Bereitschaft der Waffe. Auf der Lombardsbrücke auch Militär, auf und unter allen Brücken Posten. So also sieht der Anfang der Kriegszeit aus.[18]

Seit 1870/71 hatte in Deutschland Frieden geherrscht und nur noch die ältesten Bewohner Hamburgs konnten sich an Kriegsrecht und Kriegszustand usw. erinnern.

Kundmachung des Kriegszustandes

Wir, Wilhelm, von Gottes Gnaden Deutscher Kaiser, König von Preußen usw., verordnen auf Grund des Artikels 68 der Verfassung des Deutschen Reiches im Namen des Reiches, was folgt: Das Reichsgebiet, ausschließlich der Königlich bayerischen Gebietsteile, wird hierdurch in Kriegszustand erklärt.

Diese Verordnung tritt am Tage ihrer Verkündung in Kraft.

Urkundlich unter Unserer Höchsteigenhändigen Unterschrift und beigedrücktem Kaiserlichen Insiegel.

Gegeben Potsdam, Neues Palais,
den 31. Juli 1914.

Wilhelm I. R.
von Bethmann Hollweg.

E. Bieber, Kgl. Hofphot.

Der kommandierende General Seine Exzellenz Gen. d. Inf. v. Quast.

Anmerkungen:

1) Recherchiert nach den „Altonaer Nachrichten" Juni 1914.

2) Otto, Ernst: Gewittersegen. Verlag Staackmann, Leipzig 1915, S. 6.

3) Schon der Monat Juni bescherte Großereignisse: In Berlin fanden friedliche „Vorolympische Spiele" für die geplanten Olympischen Spiele 1916 statt und Engländer, Franzosen, Deutsche oder Russen wetteiferten um Zeiten und Weiten. Die Austragungsstätte dafür, das „Deutsche Stadion", war schon 1913 fertiggestellt worden.

Ende Juni trafen sich im Norden Deutschlands Segler und Politiker zur Kieler Woche. Als geladener Gast erschien ein englisches Marineschiff und Kaiser Wilhelm II., mit dem Titel Ehrenadmiral der englischen Marine, stattete der Besatzung einen höflichen Besuch ab. Ebenfalls absolvierte das deutsche Heer wie in jedem Jahr sportliche Armeewettkämpfe um Medaillen, Plätze und Ränge.

4) Wegener, Georg: Ein Jahr an der Westfront, 1915.

5) Goetz, Adolf: Hamburgisches Kriegs-Tagebuch 1914. Behrens-Verlag, Hamburg 1914. S. 3.

6) Ebenda S. 5.

7) Staatsarchiv Hamburg, Bestand 331 – 3, Politische Polizei, Signatur 20132.

8) HAPAG: Die Hamburg-Amerikanische Packetfahrt-Actien-Gesellschaft (Hamburg-Amerika-Linie) wurde am 27. Mai 1847 in Hamburg gegründet. Die Linien der Reederei umspannten mit der Zeit die ganze Welt. Unter Albert Ballin begannen im großen Stil die ersten

Kreuzfahrten und ein neues Verwaltungsgebäude für 300 Angestellte wurde an der Binnenalster gebaut.

9) Deutsche Levante-Linie
Am 6. September 1889 für den Linienverkehr mit dem östlichen Mittelmeerraum bis zu den Küsten Kleinasiens, Syriens und Ägyptens mit einem Kapital von 1,5 Millionen Mark gegründet. Anfang 1914 übernahm die HAPAG die Anteilsmehrheit an der DLL.

10) Am 19. April 1890 mit einem vom Staat subventionierten Gründungskapital (jährlich 900.000 Mark über 10 Jahre) mit 6 Millionen Mark von einem Konsortium deutscher Banken und den Hamburger Kaufleuten Adolph Woermann, F. Laeisz, August Bolten, sowie Hansen & Co. gegründet. Nach 1907 wurde eine Betriebsgemeinschaft mit der HAPAG und der Woermann-Linie gebildet. Anfang 1914 war die DOAL mit 31 Seeschiffen von insgesamt 104.380 BRT die zehntgrößte deutsche Reederei.

Im westafrikanischen Dienst war die Hamburg-Bremer Afrika-Linie tätig.

11) Goetz S. 7.

12) Aufgrund der verfassungsrechtlichen Sonderstellung des Königreichs Bayern im Deutschen Kaiserreich, nach Preußen, zweitgrößter Teilstaat Deutschlands, war es dem bayerischen König überlassen, die drohende Kriegsgefahr anzuordnen. Gegen 17.30 Uhr machte sich in der Münchner Residenz ein Tambourzug auf den Weg durch die Innenstadt und ein Offizier verkündete mehrfach die Ankündigung des bayerischen Monarchen König Ludwig III. Stürmische Begeisterung war die von Beobachtern registrierte vor-

wiegende Reaktion.

13) Armeekorps waren die größte militärische Einheit im Heeresverband. Die deutsche Armee bestand in Friedenszeiten aus 25 Armeekorps (Bayern 3, Württemberg 1, Baden 1, Sachsen 2, Preußen und seine Bundesstaaten 18). 1 Armeekorps etwa 40000 Mann.

14) Die Bekanntmachung vom Kriegszustand erfolgte nach § 3 des Gesetzes über den Belagerungszustand von 1851 durch Anschlag, Ausklingeln und in Garnisonsstädten zusätzlich mit einem militärischen Zeremoniell durch einen Offizier mit „Trommelschlag und Trompetenschall" und etwa mit folgendem Wortlaut: „Durch Kaiserliche Anordnung ist der Bezirk des 2. Armeekorps in Kriegszustand erklärt. Die vollziehende Gewalt innerhalb des Korpsbezirks geht infolgedessen an mich über. Die Zivilverwaltungen und Gemeindebehörden verbleiben in ihrem Amte, haben aber meinen Anordnungen und Aufträgen Folge zu leisten."

15) Berliner Lokal-Anzeiger v. 31. Juli 1914 (Extrablatt).

16) Goetz: S. 9.

17) Ebenda: S. 13.

18) Ebenda: S. 26.

6 Mobilmachung

Sonnabend, 1. August

In der Nacht vom 31. Juli zum 1. August schliefen die Leute vermutlich schlecht. Einige hatten die Nacht zum Tage gemacht, obwohl Hamburg damals noch kein Nachtleben wie heute kannte. Im Alster-Pavillon und in den Lokalen blieben die Menschen lange zusammen.

Der neue Tag sollte die Antwort darauf geben, ob die 43 Friedensjahre enden. Die Frist des deutschen Ultimatums an Russland um Einstellung der Mobilmachung lief am 1. August früh zwischen 6 und 8 Uhr ab.

Am Vormittag riss man sich um die brandaktuellen Ausgaben der Hamburger Zeitungen, doch eine Aufklärung gaben sie nicht. Die Morgenausgaben und Extrablätter des Fremden-Blatts und der Neuen Hamburger Zeitung brachten Neues genug, nur noch nicht die Entscheidung. Wieder schaute man in diesen heißen Tagen auf das amtliche Berlin. Schon das klang wie eine vaterländische Wende, denn die weltoffenen und stolzen Hanseaten „korrespondierten" bis dato lieber mit London und New York als mit der eigenen Reichshauptstadt.[1]

> „Wer aus den entfernten Vierteln zum Hauptbahnhof, zum Rathausmarkt oder Jungfernstieg kam, hatte hundert Fragen in den Augen und auf den Lippen, und fragte auch den Ersten, den er traf: Ist was geschehen? Mobilmachung? Werden

> Extrablätter verteilt? Extrablätter gabs genug, übergenug. Niemand machte sich über diese allzu tüchtige Geschäftlichkeit in diesen Stunden irgendwelche Gedanken. Die Sucht nach Neuigkeiten ließ immer wieder den Groschen opfern. Die Ausschreier hatten gute Stunden, und sie nutzten sie weidlich aus.[2]

In Berlin indes berief Wilhelm II. noch am 31. eine Nacht-Konferenz ein. Der nächste Tag begann mit einer Beratung des preußischen Staatsministeriums beim Reichskanzler. Obwohl die Extrablätter aufgrund der Geheimhaltung und in der Kürze der Zeit davon nur die Schlagzeile bringen konnten, bewerteten das viele Hamburger als ein starkes Symptom.

> In den Nachmittagstunden zwischen 3 und 4 Uhr stieg die Erregung aufs Höchste. Jeden Augenblick muß nun etwas passieren. Das fühlten alle. Der Alsterpavillon war gestopft voll mit Menschen. Aber es war nicht die Physiognomie des Alltags. Sonst am Renntage, ist hier auch jeder Stuhl besetzt - aber heute wars etwas ganz anderes. Einer fragte den andern, wissen Sie etwas?[3]

Am späten Nachmittag ließ der Monarch um 17.15 Uhr die allgemeine Mobilmachung des Heeres und der Flotte anordnen. Zwischen diesem 31. Juli und 1. August lagen noch Stunden, in denen der Krieg hätte verhindert werden können, doch auf das deutsche

Ultimatum antwortete Zar Nikolaus II. nicht. Russland hielt die Mobilmachung aufrecht und Deutschland erklärte dem Zarenreich den Krieg. So verlief das politische Szenario der letzten europäischen Friedensstunden, die Weltlage hatte sich schlagartig geändert und das war der Krieg.

Auf allen Telegrafenstationen ging am 1. August 1914 gegen 18.30 Uhr von Berlin der Mobilmachungsbefehl ein, mit dem Text:

> Mobilmachung befohlen, erster Mobilmachungstag der 2. August. Dieser Befehl ist sofort ortsüblich bekannt zu machen. Reichs-Postamt.

An diesem späten Sonnabend waren die Straßen und Plätze in Altona, Hamburg, Harburg oder Bergedorf wie die Tage zuvor von Passanten überfüllt. Oder waren sie noch belebter? Überall standen die Leute, Männer und Frauen in Gruppen beieinander und heftig miteinander diskutierend. Den ganzen Tag warteten alle auf die letzte Entscheidung, wird es Krieg geben oder nicht, wird die Mobilmachung ausgerufen. Menschenansammlungen bildeten sich vor dem Rathaus, den Kaiserlichen Postämtern und Verlagshäusern der Zeitungen; vor dem „Fremdenblatt" in den Großen Bleichen, vor Generalanzeiger und der Neuen Hamburger Zeitung.

Kaiser Wilhelm II.

So warteten die Leute begierig auf die aktuellsten Depeschen. Redakteure saßen an den neuesten Drahtmeldungen, um sie in Worte zu fassen. In diesen heißen Tagen mussten die Anschläge für die Öffentlichkeit bis mindestens 22 Uhr im Schaufenster der Geschäftshäuser bekannt gemacht werden.

Alter Jungfernstieg mit Alsterpavillon

In Berlin trat der Kaiser Wilhelm II. gegen 18.30 Uhr zum 2. Mal zu einer patriotischen Ansprache an, wie am Tag zuvor auf den Balkon vom Schlossportal aus:

> Wenn es zum Kriege kommen soll, hört jede Partei auf, wir sind nur noch deutsche Brüder. In Friedenszeiten hat mich zwar die eine oder andere Partei angegriffen, das verzeihe ich ihr aber jetzt von ganzem Herzen. Wenn uns unsere Nachbarn den Frieden nicht gönnen, dann hoffen und wünschen wir, dass unser gutes deutsches

Schwert siegreich aus dem Kampf hervorgehen wird.[4]

Die Nachricht von der Mobilmachung erreichte Hamburg über die Telegrafenämter noch vor 19 Uhr. Daraufhin hieß es für die ersten Einberufenen antreten und Abschied nehmen von Frau und Kindern, von Eltern und Freunden. Was für traurige Szenen müssen sich im Privaten abgespielt haben und haben sie wirklich geglaubt, Weihnachten zu Hause zu sein?

Der Straßenverkehr war in den Städten unerträglich dicht, auf den Durchgangsstraßen fuhr ein Automobil nach dem anderen. So einen lauten und zähen Verkehr hatten die Einheimischen wohl selten erlebt. Die hastig eilenden und meist stillen Menschen, ob Urlauber, Geschäftsreisende oder Händler, sie hatten nur ein Ziel, sie wollten schnellstens nach Hause.

Aus allen Seebädern eilten die Menschen wie Flüchtlinge. Der Dienst der Hamburg-Amerika-Linie von und zu den Seebädern war eingestellt worden. Jeder wollte nun zu Hause sein. Tausende Sommerfrischler kehrten zurück.

Was hörte man nun alles: Helgoland wurde geräumt, Westerland schaffte seine Scharen zurück. Auf Sylt sollte schon Besatzung sein, überall Militär, auf der großen Kanalbrücke wimmelt es von Militär.

Einige Männer hatten schon den Gestellungsbefehl in der Tasche und wurden von den Angehörigen zu den Garnisonen gefahren. Auch auf den Hamburger Bahnhöfen versammelten sich Menschenscharen mit Gepäck, Familien mit Kindern, hauptsächlich Urlauber, die mit den Zügen in ihren Heimatort wollten.

Die Fahrpläne gerieten völlig durcheinander, trotz des Einsatzes von Extrazügen an diesem 1. August. Allein auf dem preußisch-hessischen Eisenbahnnetz wurden an diesem Tag 235 Sonderzügen gefahren und auf den Berliner Bahnhöfen 157 Züge abgefertigt.

Am Sonntagvormittag waren die Hamburger Kirchen zu den Gottesdiensten voll besucht, die Leute drängten sich auf den Plätzen und verfolgten gespannt die ersten Kriegspredigten. Dann am Nachmittag soll in einigen Straßen eine beängstigende Totenstille geherrscht haben. Fenster und Türen der Häuser waren verschlossen. Nur der Hauptbahnhof zeigte sich weiterhin rege belebt mit jungen Männern, die mit dem Gestellungsbefehl zu ihren Sammelstellen fuhren und in ihrem Gefolge die Familien mit sich führten.

> Muss i denn, mussi denn zum Städtele hinaus ... Der Mittelpunkt des rauschenden Lebens war natürlich der Hauptbahnhof, denn hier stauten sich die Reservisten und von hier aus gingen die Züge mit den Vaterlandsverteidigern nach allen Richtungen. Zu Tausenden waren hier Zivilisten versammelt, um die hinausgehenden Krieger abfahren zu sehen. Die Bahnüberführungen waren schwarz von Menschen und wenn unten die Züge heranbrausten, da flatterten die weißen Taschentücher durch die Luft und entrangen sich aus Tausenden von Kehlen kräftige Hurra-Rufe. Lieb Vaterland, magst ruhig sein.[5]

Die Oberste Heeresleitung (OHL) gab 20 Mobilisierungstage vor, entsprechend der militärischen Dringlichkeit und Logistik, die längst ausgearbeitet und streng geheim gehalten war. Am 1. Mobilisierungstag (2. August) hatten sich die Beurlaubten der aktiven Einheiten an ihren Garnisonsorten einzufinden. Danach wurden die Reservisten einberufen, gefolgt vom Landsturm. Und dann meldeten sich die vielen von der vaterländischen Sache überzeugten Freiwilligen, überwiegend die junge Garde.

> Der Briefträger, der sonst so schweigsame, kommt spät an diesem Sonntag, später noch als sonst - und beginnt einen kurzen Schwatz. Nun wirds bald anders mit der Post. Wieso? Ja, wir müssen fast alle mit, die meisten schon heute und morgen und ehe die Neuen sich einarbeiten, wirds lange dauern.[6]

Die Hamburger Soldaten kamen schnell an die Westfront und in den Kampf. Die Gardekorps, das 7. 9. und 10. Armeekorps bildeten die 2. Armee. Fahrzeit bis Aachen 36 Stunden. Ankunft und Ausladung zwischen 11. und 15. August. Eine Vorhut des 9. Armeekorps „zum Handstreich auf Lüttich", eine verstärkte Infanteriebrigade, traf schon zwischen 3. und 4. August ein.

Am 18. August erschien die 3. amtliche preußische Verlustliste. Sie von großen Verlusten auf deutscher Seite. Auch Hamburger Familien waren schon schwer betroffen.

Von den 120.000 Mitgliedern des hamburgischen

Kaufmännischen Vereins (Handlungs-Comiss 1858) (mit auswärtigen Bezirken) stand nach drei Monaten etwa jeder Fünfte an der Front und 333 waren gefallen. Bis zum Kriegsausgang verlor der Verein durch Tod auf den Schlachtfeldern 9.059 Mitglieder, einschließlich 21 Angestellte.[7]

Mit dem Reichstag am 4. August 1914 und der Zustimmung der SPD zu den Kriegskrediten war der „Burgfrieden zwischen den Parteien" eingetreten, es gab nur noch das Vaterland und keinen Widerstand mehr gegen den Krieg.

Das sozialdemokratische „Hamburger Echo" vom 6. August erklärte:

> ... in Allen lebt das Bewußtsein des furchtbaren Ernstes der Situation, in der es sich tatsächlich eventuell um Sein oder Nichtsein des Reiches, um die nationale Selbständigkeit des deutschen Volkes und um die Erhaltung oder Vernichtung deutscher Kultur handelt. Das sind Güter, an deren Erhaltung und Schutz auch die Arbeiterklasse und mit ihr die Sozialdemokratie ein lebhaftes Interesse hat, die sie nicht vernichten lassen darf, wenn sie nicht auch ihr eigenes Klasseninteresse schwer schädigen will.

Von Seiten der SPD wurde den Lesern weiterhin mitgeteilt, dass das Eintreten der Partei für die Kriegskredite überall einen guten Eindruck gemacht habe.

Reichstagssitzung in Berlin am 4. August 1914

23. August:

Die große Erregung, die für Hamburg fast unnatürliche Leidenschaftlichkeit der ersten Mobilmachungstage hatte sich gelegt. Es kann eben niemand über seinen Schatten springen. Das witzige Wort eines Berliners: 'Wir wern det Kind schon schaukeln' hatte sich hier zu einer ruhigen Gewißheit umgewandelt.[8]

Wie in anderen Städten, begann man auch in Hamburg alles „Fremdländische" in das gute Deutsche umzuwandeln. Die ersten Firmenschilder fielen der Sprachreinigung zum Opfer. Der deutsch-französische Sprachverein „Club francais de 1902" beendete seine Vereinstätigkeit und überwies sein Vermögen dem

Roten Kreuz und der Hamburgischen Kriegshilfe.[9]

Pfarrer Hunzinger zog in seiner 15. Kriegspredigt am 8. November 1914 die erste Kriegsbilanz:

> Wir dürfen auch sagen, daß wohl keine Stadt unseres deutschen Vaterlandes so hart betroffen ist wie Hamburg. Wer das nicht am eigenen Leibe fühlt und sich davon überzeugen will, der braucht nur in den Hafen zu gehen. Als ich zum ersten Mal nach der Kriegserklärung am Hafen stand und von der Höhe seewärts aus die verödete Stätte des lebendigsten Lebens, der regsten Arbeit, des blühendsten Handels und Wandels sah, da ballte sich meine Faust im Zorn darüber, daß auf den Wink eines übermütigen Volkes hin das alles stillstehen mußte - wie tot.[10]

Noch in den ersten vier Monaten des Jahres 1914 liefen den Hafen 4665 Dampf- und Segelschiffe von zusammen 4.622.293 BRT an und 5076 Fahrzeuge verließen Hamburg mit 4.681.780 BRT. Unter den eingetroffenen Schiffen befanden sich 493 mit Kohle beladen.

Noch im Juli 1914 verzeichnete der Stauerbetrieb durchschnittlich täglich 4186 Arbeiter und der Kaibetrieb 5576 Beschäftigte. Etwa 40.000 Arbeitskräfte fanden monatlich in der Regel Lohn und Brot.[11]

Die britische Seeblockade tötete den Lebensnerv Hamburgs, den Welthandel und damit die Seeschifffahrt. Das letzte Schiff aus Übersee war am 13. August 1914 eingelaufen, danach erreichten Hamburg nur noch sporadisch neutrale Schiffe aus Holland oder den Nordländern.

Der Überseeverkehr der Hamburg-Amerika Linie endete. Die HAPAK musste eine Reihe von Schiffen in den Dienst der Kriegsmarine als Beischiffe, Transportschiffe und Hilfskreuzer stellen und nur einige konnten mit Nord- und Ostseefahrten für kriegswichtige Produkte (Erze, Steinkohlen) ausgelastet werden. Bis zum 20. April 1919 wurden 29 Fahrzeuge von den Kriegsfeinden versenkt, 72 beschlagnahmt und 20 in Häfen neutraler Länder interniert. Weitere 21 Schiffe wurden verkauft.[12]

Auch die Hochseefischerei musste mit Kriegsbeginn schwere Einbußen hinnehmen. 1913 unternahm die Hamburger Dampfhochseefischerei 945 Fangreisen und die Altonaer verzeichneten 802 Ausfahrten.[13] Per 1. August 1914 befuhren die Nordsee noch 202 Fischereifahrzeuge (Die Mehrzahl der Dampfer befischte die mittlere Nordsee, ein Teil der Dampfer war im Skagerrak tätig). Auch die Heringslogger waren auf Fang, einigen gelang es neutrale Standorte (18 in Norwegen, 13 in Dänemark, 2 in Holland) anzulaufen und 147 Logger schafften es in deutsche Häfen zurückzukehren. 22 Fahrzeuge wurden vermisst und vermutlich von England abgefasst. Große Gebiete der Fischereigründe lagen nun in der Seekriegszone.

In der Ostsee dagegen wurden keine Fischereifahrzeuge vermisst. Die Fischerei konnte dort teilweise aufrecht erhalten werden, war aber durch Minen ge-

fährdet.
Fisch wurde Mangelware und das über Jahre.

Altonaer Nachrichten vom 27. Oktober 1914:

> Wochenbericht vom St. Pauli-Fischmarkt. In den ersten Tagen der abgelaufenen Berichtswoche war der Umfang der Zufuhren nur mäßig, während gegen Schluß der Woche größere Mengen Fische an den Markt kamen. Die Wirkung des in der vorangegangenen Woche herrschenden West-Sturmes macht sich auch jetzt noch durch das Ausbleiben größerer Zufuhren bemerkbar. Es gelangten insgesamt 153.000 Pfund Fische zum Verkauf. Von Dänemark. Norwegen, Schweden trafen schöne Sendungen Schollen, Makrelen, Heilbutt, Hering, Klein- und Mittelkabeljau usw. und aus dem Inlande mehrere Sendungen Südwasserfische wie Hecht, Rotaugen, Brassen, Aal, Forellen usw. ein.
>
> Der Dorschfang an der Ostseeküste war ergiebiger, sodaß eine größere Menge dem Markt zugeführt werden konnte. Die Nachfrage war stärker als das Angebot; der Bedarf konnte daher bei Weitem nicht gedeckt werden. Die Preise für fast sämtliche Sorten Fische waren fest und hoch. Recht hoch im Preise standen bei knapper Zufuhr Schellfisch, Rotzungen, Seezungen, Steinbutt, Heilbutt, Kabeljau, Seelachs, große Schollen usw. Bei der jetzt herrschenden sehr regen Nachfrage bleibt die

Tendenz unverändert fest.

Auch ohne die internationalen Handelsgeschäfte und lärmenden Hafenbetrieb sowie mit weniger Fisch, musste das Leben jeden Tag weiter gehen. Weihnachten rückte heran. Und alle glaubten noch, dass der Krieg bald beendet sein würde. Weihnachten, Fest der Liebe und Stille. An der Westfront wurden die Kämpfe am Weihnachtstag an einigen Frontabschnitten beiderseits ausgesetzt, ob befohlen oder von den Soldaten einfach gemacht, jedenfalls von den militärischen Führungen stillschweigend geduldet.

In der Heimat gedachten Tausende der Frontkämpfer aus ihren Familien. Aber es gab auch das andere Hamburg, man wollte sich Weihnachten wie eh und je amüsieren. Am 1. Festtag eröffnete das Hansa-Theater wieder, das nach Kriegsbeginn geschlossen hatte. Varieté, natürlich im Programm, den ernsten Zeitverhältnissen angepasst, mit Gesangs- und Musikszenen „Freiheit und Vaterland", Erinnerungen aus den Befreiungskriegen.

Und W. Schümanns „Austernteller", das bekannte Wein-Restaurant am Jungfernstieg, empfahl zum Weihnachtsfest, ebenso zum Versand, neben seinen vorzüglich gepflegten Weinen, wie gewohnt Kaviar und Austern.

Am 1. Dezember fiel im Osten Einjähriger-Kriegsfreiwilliger Egon Moriz[14] im Infanterie-Regiment Nr. 61, 4. Kompanie. Am Heiligabend starb den Tod fürs Vaterland Dr. jur. Franz Boerckel[15] infolge Krankheit, Leutnant d. R. im Mainzer Dragoner-Regiment Nr. 6, Inhaber des Eisernen Kreuzes und der Hessischen Tapferkeitsmedaille. Am 31. Dezember fiel in Nord-Polen Vizefeldwebel Werner Gayen[16] (geboren in Bahrenfeld, Altona) im Pommerschen Ulanen-Regiment Nr. 9 (Demmin), Inhaber des Eisernen Kreuzes.

Mobilmachung der Marine. Die deutschen Matrosen gehen an Bord.

Aufruf des Landsturms.

Verordnung, betreffend den Aufruf des Landsturms, vom 1. August 1914.

Wir Wilhelm, von Gottes Gnaden Deutscher Kaiser, König von Preußen usw., verordnen auf Grund des Artikels II § 25 des Gesetzes, betreffend Änderungen der Wehrpflicht, vom 11. Februar 1888 (Reichs-Gesetzbl. S. 11) im Namen des Reichs was folgt:

In den Bezirken des I., II., V., VI., VIII., IX., X., XIV., XV., XVI., XVII., XVIII., XX. und XXI. Armeekorps ist nach näherer Anordnung der zuständigen Kommandierenden Generale der Landsturm aufzurufen.

Gegenwärtige Verordnung tritt am Tage ihrer Verkündung in Kraft.

Urkundlich unter Unserer Höchsteigenhändigen Unterschrift und beigedrucktem Kaiserlichen Insiegel.

Gegeben Berlin im Schloß,

den 1. August 1914.

Wilhelm I. R.

von Bethmann Hollweg.

(Reichsanzeiger vom 1. August 1914.)

Einkleidung der Reservisten

VERMISST!

Begrüßung der "Helden" aus der Skagerrak-Schlacht 1915 vor dem Rathaus. Bild rechts.

Erbeutete englische Geschütze auf dem Hamburger Rathausmarkt 1915

Anmerkungen:

1) Goetz, Adolf: „Niemand schimpfte nun auf die Reichshauptstadt. Sie war der Kopf Deutschlands und gab allen die Weisungen und Aufklärungen - das rote Berlin war aufgeflammt in Begeisterung für den Kaiser, und es wurde zum ersten Male Führerin aller deutschen Städte." S. 29.

Für die deutsche Wirtschaft in allen Landesteilen wurde Berlin in den nächsten vier Jahren die „Goldgräberstadt", in der Reichshauptstadt waren die maßgeblichen Behörden für die Kriegsproduktion, Industrie und Landwirtschaft angesiedelt.

2) Goetz: S. 17.

3) Ebenda: S. 19.

4) Kaiserrede in: Frankfurter Zeitung v. 2. August 1914 u. Röhl: Wilhelm II., S. 1178.

5) Hamburger Nachrichten vom 3. August 1914. Sonderausgabe.

6) Goetz: S. 28.

7) Kaufmännischer Verein von 1858. Sitz Hamburg. Bericht über das 60. Vereinsjahr 1918. S. 9. Purl: https://resolver.sub.uni-hamburg.de/kitodo/PPN815780893_1918.

8) Goetz: S. 151

9) „Ambivalent gestaltete sich das Verhältnis zur englischen Sprache: „In Hamburg war Englisch Trumpf. Englische Tabakpfeifen, englischer Sport, englische Kleidung, englische Sprache - ja, um alles in der Welt, das im Herzen der größten deutschen Wirtschaftsstadt. Wir taugen nicht viel, mußte man glauben und der Patriotismus ist am Ende nur ein Selbstbetrug,

ein übler sogar" Ebenda: S. 30.
10) Hunzinger, August Wilhelm: 15. Kriegspredigt, gehalten am 8. November 1914, S. 78.
11) Altonaer Nachrichten vom 20. August 1914.
12) Fenchel, Ludwig: Die deutschen Schiffahrtsgesellschaften. 1. Band. Hamburg: Sick 1920-1921, S. 1012 ff.
13) Wirtschaft und Statistik. 2. Jahrgang 1922, Nr. 17. S. 562.
14) Deutsche Verlustliste: S. 6326 vom 12.05 1915.
15) Ebenda: S. 4281 vom 14.01.1915.
16) Ebenda: S. 4186 vom 11.01.1915.

7 Militärfahrplan und Aufmarsch

Noch vor dem 1. Mobilmachungstag (2. August) kollabierte der Zugverkehr in Deutschland. Bewaffnetes Militär hielt seit 28. Juli die Bahnbrücken auf wichtigen Strecken streng unter Bewachung. Mit langen Verspätungen und aktuellen Fahrplanänderungen waren die Reisenden von Altona nach Berlin plötzlich konfrontiert:

> Nach langer Verspätung langten wir gegen elf Uhr abends in Altona an. Auf dem Bahnhof bekam man den ersten Vorgeschmack des Kriegszustandes. Die sonst so festgefügten Bande der Bahnordnung schienen völlig gesprengt. Kein Beamter wußte Auskunft über Abfahrtszeiten und so weiter zu geben. Endlich hieß es, der Zug nach Berlin fährt Bahnsteig 2 ab, aber nachdem wir dort inmitten einer vielhundertköpfigen Menge eine Stunde verharrt hatten, fuhr ein Zug vor, der nach Vlissingen ging. Dann mußten wir im Galopp nach Bahnsteig 4 rennen, von dem unser Zug nach zehn Minuten abfuhr. Wir hatten des voraussichtlichen Andranges wegen Fahrkarten erster Klasse gelöst, aber alsbald war auch unser Abteil gepackt voll wie eine Heringstonne, denn in dieser Nacht herrschte in Bezug der 'Klassenunterschiede' Anarchismus. Wer mit einer Karte dritter Klasse versehen war, und in dieser keinen Platz fand, erstürmte sich einen in der zweiten oder ersten, und die

Schaffner drückten beide Augen zu. Das Recht auf Heimkehr um jeden Preis beherrschte die Stunde. Meine Nerven waren so abgespannt, daß ich den ganzen Weg weinte.[1]

Abschied der Reservisten

Vom 2. August bis zum 20. August 1914 galt der Militärfahrplan für den Truppenaufmarsch, der alle bisher geltende Zugfahrpläne außer Kraft setzte. Die Pläne für die militärische Bahnbenutzung[2] waren vor dem Krieg ausgearbeitet worden und unterlagen über die Kriegsjahre hinweg strengster Geheimhaltung. Die Eisenbahn unterstand während der Mobilmachung dem höchsten Sicherheitsprinzip, was sich im weiteren Kriegsverlauf nicht wesentlich änderte. Zum bewaffneten Schutz der Gleise, Züge und der Bahnhöfe wurden überall aus dem (älteren) Landsturm oder durch städtische Bürgerwehren Bahnschutztruppen eingesetzt. Zivilpersonen blieb vorerst jeglicher Zutritt zu den Bahnanlagen (außer direkter Zugang zum Bahnsteig) untersagt.

Der Senat verbot am Hauptbahnhof im Umkreis von 500 Metern den Verkauf von Alkohol, damit einheimische Gestellungspflichtige oder durchfahrende Mannschaften kein Bier und Schnaps konsumieren konnten.

Der Militärfahrplan war aus der Sicht des deutschen Militärs für einen erfolgreichen Kriegsauftakt von äußerster Wichtigkeit und Bedeutung. Nur durch die schnelle Positionierung der eigenen Armeen an den Grenzen konnte das Hinterland aus dem Krieg weitgehend herausgehalten und das Kriegsgeschehen in Feindesland versetzt werden.

Deutschland begann den europäischen Krieg fast zeitgleich an zwei Fronten, im Westen gegen Belgien, Frankreich und England und im Osten gegen Russland, was für den Aufmarsch eine riesige und bis aufs Detail ausgeklügelte Transportlogistik erforderte. Allerdings rechneten die Militärstrategen mit mehr Spielraum für den Osten, da sie Russland eine längere Zeit der Mobilisierung unterstellten.[3]

Lange vor dem Krieg waren die Fahrtrouten, die „Transportstraßen", für einzelne Armeekorps festgelegt. Im Großraum Hamburg war der Bahnhof Harburg der stark frequentierte Verkehrsknotenpunkt. Aus dem Norden trafen die Truppen von Schleswig ein und vom Osten kamen die Transportzüge aus Mecklenburg und Pommern (2. Armeekorps) zur Weiterfahrt in Richtung Rhein an. Auf den Zielbahnhöfen in der Etappe[4] wurden die Truppenteile ausgeladen und zu den Sammelstellen befördert, hier erweitert oder neuformiert, nochmals nachgerüstet und dann direkt an die Frontplätze geschickt, mitunter auf sehr langen Marschstrecken zu Fuß auf Straßen, durch Wälder, Feld und Flur.

Im Eisenbahndirektionsbezirk Köln konzentrierten sich viele Transporte über fünf Rheinbrücken westabwärts. Während 19 Mobilmachungstagen wurden hier über 26.000 Militärzüge befördert. Diese Züge schafften über zwei Millionen Streiter und die zu ihnen gehörigen Geschütze, Pferdematerial, Bagage, Munition, Proviant usw. zur Grenze.

Aus der Rheingegend wiederum fuhren in der ersten Mobilmachungswoche (planmäßig) 148.000 Soldaten mit 110 Transporten in entgegen gesetzter Richtung an die Ostfront. Als Russland im August in Ostpreußen einfiel, mussten zusätzlich und schnell Truppen aus dem Norden entsendet werden.

> Am 24. August stellte die oberste Heeresleitung dem Oberkommando der 8. Armee noch die Landwehr- Division Goltz (33. und 34. Landwehrbrigade), die bisher im Grenzschutz Nordschleswigs stand, zur Verfügung. Sie gelangte am 25. August mit insgesamt 26 Zügen von dort zum Abtransport. Die beiden Brigaden wurden von Chef das Feldeisenbahnwesens nach Schneidemühle und Konitz in Marsch ge-

setzt ...[5]

Hamburg, 23. August

Ein Bahnbeamter erklärte mir, daß heute, den 3. August (Sonntag) 70.000 Mann durch den Hamburger Bahnhof, alle von Schleswig-Holstein von der dänischen Grenze kommend, durchfahren. Das war ein Hoch- und Hurrarufen von morgens bis spät in die tiefe Nacht hinein. So etwas haben wir noch nie gesehen. Und unsere guten Soldaten, welch herrlichen frischen Humor hatten sie! Sie wurden alle auf dem Hauptbahnhof mit Erfrischungen jeder Art beglückt. Wie glücklich waren sie über die Liebesgaben. Sie ließen fast durchweg das Hamburger Rote Kreuz hochleben. An den Eisenbahnwagen hatten sie Verse mit allerhand Karikaturen angebracht. Die Züge fuhren nur zu rasch heraus, sonst hätte ich sie alle gesammelt. Auch war es von der Brücke herab nicht möglich, sie zu lesen. Der Zutritt zum Bahnhof war überhaupt nur den Leuten vom Roten Kreuz und der Kriegshilfe gestattet.[6]

Verpflegung

Allein die Beförderung eines Armeekorps mit Mannschaften, Pferden, Waffen, Fuhrwerken, Lastkraftwagen u. a. erforderte ungefähr 140 Militärzüge (ein Militärzug bis zu 110 Achsen). Täglich konnten auf einer Strecke nacheinander bis zu 40 Zügen abgelassen werden. Man brauchte also ungefähr 3-4 Tage zur Beförderung eines gesamten Armeekorps an die Front. Neben den Mannschaftszügen rollten weitere Militärzüge nach Norden für die Marine mit Kohlen und Öl.

Die „Weichen" für den reibungslosen Eisenbahnverkehr wurden durch ein durchdachtes und abgestimmtes Ablassen der Züge gestellt, damit sie nicht zeitgleich im Westen oder Osten eintrafen und dort ein Verkehrschaos verursachten.

Die langen Fahrten zu den Etappenzielen, bis zu 2-3 Tagen, verliefen oftmals langsam und beinahe gespenstisch. Der Militärfahrplan schrieb in der Zeit des Hauptaufmarsches eine reduzierte Grundgeschwindigkeit von 30 km/h auf den Hauptbahnen und 25 km/h auf den Nebenbahnen vor und die Züge wurden auf den Hauptstrecken im 30-Minutentakt abgelassen. Die gedrosselte und gleichmäßige Geschwindigkeit der Züge bot die Gewähr für einen reibungslosen Verlauf des Bahnverkehrs. So konnten mögliche Zwischenfälle, wie Zugverspätungen, rasch wettgemacht und etwaige Unfälle vermieden werden. Unterwegs waren auf größeren Stationen Halte eingeplant, die Lokomotiven brauchten Kohlen- und Wassernachschub und die Soldaten und Tiere Verpflegung. Darauf richteten sich die Gemeinden, die Frauenvereine und das Rote Kreuz mit „Erfrischungsstellen" auf den Bahnhöfen ein und versorgten die Soldaten.

Hamburg, den 9. August 1914.

Die Beförderung von Soldaten nach der französischen Grenze und nach der russischen hielt in Hamburg Sonnabend, Sonntag und heute ununterbrochen an. Tausende von Zuschauern winkten von den Brücken herab und an den Bahnübergängen hinauf mit Hurra- und Hochrufen. Die Soldaten hatten alle ausgezeichneten Humor. Heute Mittag, als ein Zug dicht besetzt von Militär, von Bremerhaven kommend nicht ganz in den Bahnhof einfahren konnte, der Zug stand bis zum Deichtormarkt, da riefen sie von oben herunter nach Wasser. Von dem dortselbst liegenden Bauplatz der neuen Blumenhalle kletterten junge Leute an der Brücke hoch und verabreichten den Soldaten Wasser, Obst und Zigarren, ich leerte auch mein Zigarrenetui und ließ es hinaufreichen. Alles wurde dankend angenommen. Unter Hoch und Hurra nebst Rufen „Auf Wiedersehen!", fuhr dann der Zug weiter.[7]

Hamburg, 21. August 1914.

Truppentransport. Fast drei Tage lang kamen Züge um Züge vom Norden an. Alle halbe Stunde folgten sie und brachten Menschen, Tiere, Proviantkolonnen, Geschütze und alle

> die tausend Dinge, die zum Feldzuge gehörten. Von früh bis abends war heute Dienst auf den Bahnsteigen. Viel Zeit war nicht zu verlieren. Jeder Mann sollte etwas zur Labung haben. Da wurden die hochgetürmten Hügel von Butterbroten bald geebnet, da flossen aus Riesenkannen Kaffee- und Schokoladenflüsse fast ununterbrochen. Hier reichte ein junges Mädchen offene Zigarrenkisten herum, ein anderes Liebesgaben.[8]

Der Hauptetappenort (das Ziel) war nur dem Kommandeur bekannt, die Soldaten wussten erst genauer am Rhein oder nach den Schwarzwaldbergen, wohin die Fahrt letztendlich ging. An den Waggons zeigten Kreideschriften der enthusiastischen jungen Männer, wohin der Zug rollen sollte:

Sprüche am Waggon

Wer von der Stimmung der ausziehenden Soldaten einen rechten Begriff bekommen will, muss sehn und lesen, was sie auf die Eisenbahnwagen an Herzensergüssen schreiben und malen. Künstlerische Literatur und Sezessionismus sind natürlich bei diesen Werken nicht zu Pate geladen. Aber sie sind ursprünglich frisch und von des Gedankens Blässe durchaus nicht angekränkelt: „Auf nach Moskau!" „Das erste Frühstück in Sedan, das zweite in Paris." „Sedan - zweite Auflage." „Hamburg-Paris, Ankunft genau nach Fahrplan."
An einem andern Wagen wird Politik gemacht und kurzerhand über die feindlichen Länder verfügt: „England, das größte Seebad Deutschlands! Belgien, Vorstadt von Deutschland!" Die Kameraden eines fünften Wagens bezeichnen sich drastisch als: „Gesellschaft zur Hebung des Geburtenrückganges in Frankreich!"

Natürlich fehlt auch die Inschrift nicht: „Hier werden noch Kriegserklärungen angenommen!" oder: „Dem bösen Zar wird es bald klar, daß er ein großer Esel war". Auf einem Wagen einer Munitionskolonne für die Artillerie waren zahlreiche Granaten dargestellt. Darüber befand sich die Erklärung: „Frische Konserven für Paris.[6]

Auch die Militärfahrten an die Ostfront boten das gleiche Bild.

Erst im Zuge hatten wir es endgültig erfahren, daß unser Reiseziel die Festung Lötzen im masurischen Seengebiete sei. Und wir brauchten von Darmstadt nach Lötzen siebenundfünfzig volle Stunden! Siebenundfünfzig Stunden sitzend in einem ungeheizten, durch Stearinpatronen nur höchst spärlich beleuchteten, schneckengleich dahin siechenden Zuge! Auf jeder größeren Station wurde die Hoffnung auf eine Heizlokomotive wiederum enttäuscht, und die einzige Erwärmung mußte aus den reichlichen guten Speisen und Getränken gewonnen werden, die uns auf den Verpflegungsstationen zuteil wurden. Freilich zu ganz merkwürdigen Stunden. Das Abendbrot bekamen wir einmal des Nachts um halb zwei, das Frühstück um fünf. Irgendwo unterwegs, am Morgen des zweiten Tages, hatten wir bei einem Aufenthalt einen großen Strohhaufen in der Nähe des Bahnhofs entdeckt, der wurde rücksichtslos geplündert und die Wagen der Mannschaften damit vollgestopft. So hatten die Leute doch wenigstens warme Füße und konnten ihre Menschenwärme, eng aneinandergedrückt, besser ausnützen. Wir Offiziere aber froren auf unseren Polstern ganz erbärmlich."[9]

Durch den Militärfahrplan wurden bis auf Weiteres keine zivilen Personen und wirtschaftliche Güter mehr befördert. Privates Reisen mit dem Zug war in den ersten Kriegstagen durch den Vorrang des Militärfahrplans beschwerlich oder gar unmöglich geworden. Schnellzüge wie Regionalzüge fielen aus. Die Menschen kamen nach auswärts nicht mehr zur Arbeit und fühlten sich von der Welt abgeschlossen. Ebenso abgeschnitten vom Verkehr blieben Industrie und Handwerk, die auf die Zulieferung von Rohstoffen und den Absatz ihrer Produkte angewiesen waren.

Wo noch stark eingeschränkt Züge fahren konnten, wurden sie mit einem Militär-Lokalfahrplan bekannt gegeben. In Hamburg trat ab 8. August ein Militär-Lokalfahrplan in Kraft. Nach und von Berlin fuhren 4 Züge in jede Richtung. Viel Fahrzeit mussten die Reisenden einkalkulieren und Geduld mitbringen. Eine Reise, die sonst 3,5 Stunden dauerte, erhöhte sich auf circa 12 Stunden. Verständlich auch, dass der Schnellzug Hamburg-Köln bis zum 25. August kaum geregelt fuhr. Vom 26. August ab verkehrte auf der Strecke dann ein neuer Vormittags-Schnellzug."

Bis zum 20. Mobilmachungstag wurden insgesamt etwa 20.800 Eisenbahntransporte abgewickelt. Die Eisenbahner gehörten zu jenem Personenkreis (unabkömmliche Beamte), die während der Mobilmachung nicht und die meisten von ihnen auch nicht bis Anfang 1916 zu irgendwelchen Truppen eingezogen wurden, sie waren bereits vorher verplant und hatten eine riesige Aufgabe zu erfüllen.

> Seine Majestät hat eine Kabinettsorder erlassen, in der er seine Zufriedenheit über die Durchführung der Mobilmachung ausspricht: Mobilmachung und Versammlung des Heeres an den Grenzen sind vollendet. Mit geradezu beispielloser Sicherheit und Pünktlichkeit haben die deutschen Eisenbahnen die gewaltige Transportbewegung ausgeführt. Dankbar gedenke ich zunächst der Männer, die seit 1870/71 in stiller Arbeit eine Organisation geschaffen haben, die nunmehr ihre ernste Probe

glänzend bestanden hat. Allen denen aber, die meinem Ruf folgend, mitgewirkt haben, das deutsche Volk in Waffen auf den Schienenwegen den Feinden entgegen zuwerfen, insbesondere den Linienkommandanturen und den Bahnbevollmächtigten sowie den deutschen Eisenbahnverwaltungen vom ersten Beamten bis zum letzten Arbeiter spreche ich für ihre treue Hingabe und Pflichterfüllung meinen kaiserlichen Dank aus, die sicherste Gewähr, daß die Eisenbahnen auch im weiteren Verlauf des großen Kampfes um des deutschen Volkes Zukunft jederzeit den höchsten Anforderungen der Heerführung gewachsen sein werden. Großes Hauptquartier, den 22. August 1914. Wilhelm, I. R.[10]

Einweihung des Eisenbahner-Denkmals in Berlin-Schöneberg 1929. Links Generalfeldmarschall von Mackensen, rechts Reichswehrminister Groener.

Auch weiterhin über die Kriegsjahre hinweg bestimmten im zivilen Bereich die Militärlokal-Fahrpläne den Eisenbahnverkehr, oft mit zahlreichen Einschränkungen versehen, da Lokomotiven, Wagen und Personal für kriegsnotwendige Truppenverschiebungen von der Westfront zur Ostfront und umgekehrt, für Sanitätszüge, ja für Versorgungsaufgaben aller Art an den Fronten, selbst für den Urlauberverkehr der Soldaten usw. reserviert und abgezogen wurden. Großen Aufwand forderte die Versorgung des Heeres und der Marine. In den ersten zwei Kriegsjahren rollten aus dem Inland per Bahn etwa 8 Millionen Tonnen bzw. 160 Millionen Zentner an Verpflegungsmitteln für Mensch und Tier an die Front. Wagen an Wagen gereiht, machte das die Bahnstrecke Berlin bis Bagdad und zurück oder neunmal die Luftlinie Berlin-Paris oder die Strecke Kairo-Kapstadt aus.[11]

Anfang 1917 wurde auf einer geheimen Besprechung über die Errichtung der Kriegswirtschaftsämter im Sitzungssaal des Herrenhauses zu Berlin betont:

> Am 10. Januar (1917) hat eine weitere Beschränkung des Verkehrs stattgefunden, und ich glaube, in nicht allzu ferner Zeit wird man in der Sache noch weitergehen. Nach den angestellten Erhebungen ist aber der Vergnügungsverkehr nur sehr gering. Man rechnet den militärischen Verkehr, bei dem der Urlauberverkehr eine große Rolle spielt, ungefähr bis zu 80 Prozent. Der Zivilverkehr betrifft jedenfalls hier im Innern Deutschlands und im Westen fast nur noch die

Leute, die dienstlich und geschäftlich dringend zu Reisen haben. Die Bemühungen des Kriegsamts sind dauernd darauf gerichtet, den Personenverkehr auf das notwendige Bedürfnis einzuschränken.[12]

Nur für den Dienstgebrauch bestimmt.

LINIENKARTE
1914/15

bearbeitet in der Eisenbahn-Abteilung
des großen Generalstabes.

Sitz der Linien-Kommandanturen.

A HANNOVER	G POSEN	M BERLIN	S SAARBRÜCKEN
B MÜNSTER	H CÖLN	N KÖNIGSBERG	T MAGDEBURG
C FRANKFURT	I ALTONA	O MAINZ	U HALLE
D CASSEL	K¹ MÜNCHEN	P LUDWIGSHAFEN	V DANZIG
E DRESDEN	K² NÜRNBERG	Q ELBERFELD	W STUTTGART
F KARLSRUHE	L BRESLAU	R BROMBERG	X STETTIN
	Y ERFURT	Z STRASSBURG	

IX. Armeekorps auf der Fahrt nach Westen

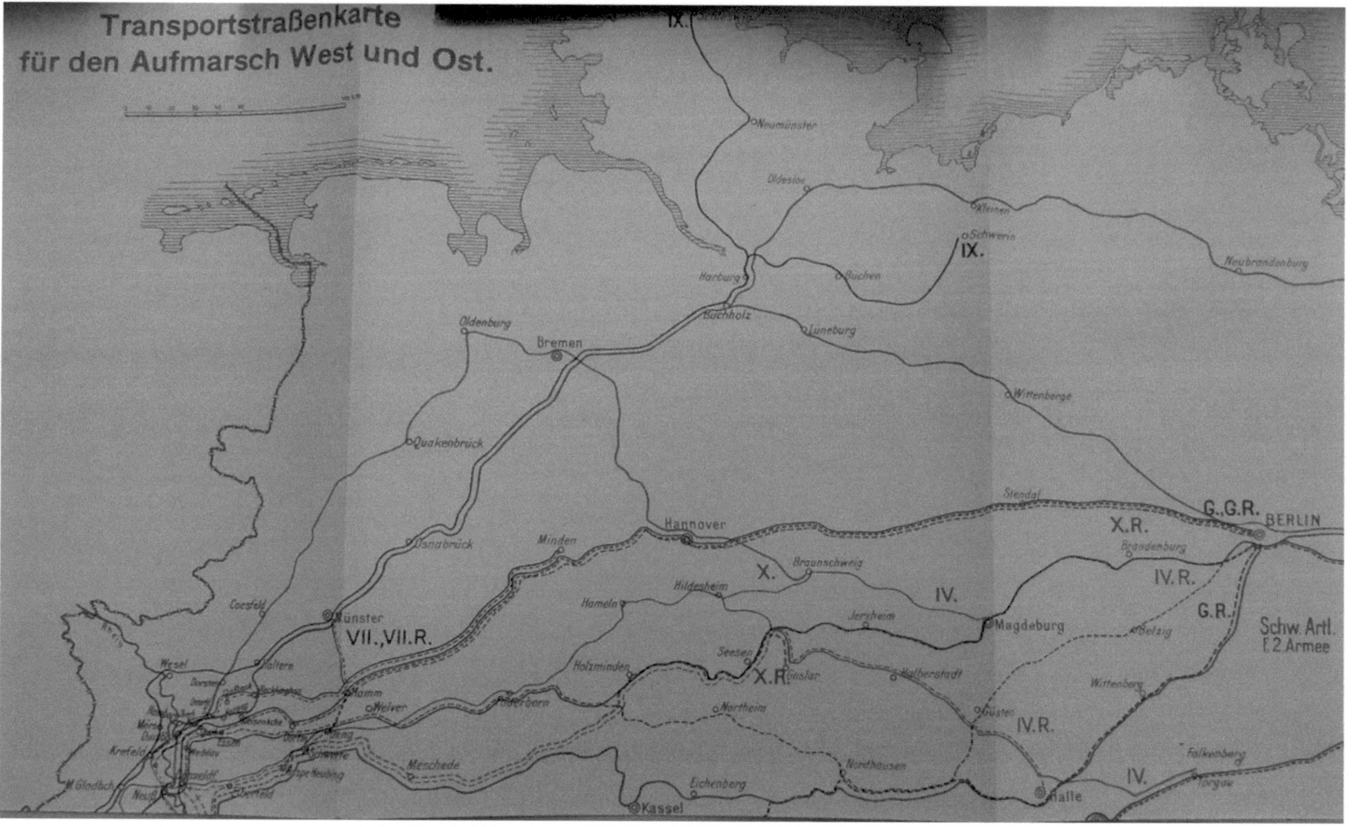
Transportstraßenkarte
für den Aufmarsch West und Ost.
IX.
Neumünster
Oldesloe
Kleinen
Schwerin
IX.
Neubrandenburg
Harburg
Büchen
Buchholz
Lüneburg
Oldenburg
Bremen
Wittenberge
Quakenbrück
Stendal
G.,G.R.
BERLIN
X.R.
Hannover
Osnabrück
Minden
Brandenburg
Braunschweig
X.
IV.R.
Hildesheim
IV.
Hameln
Jerxheim
Coesfeld
Münster
Magdeburg
G.R.
VII.,VII.R.
Belzig
Schw. Artl.
f. 2. Armee
Seesen
Wesel
Haltern
Holzminden
X.R.
Goslar
Halberstadt
Hamm
Welver
Paderborn
Northeim
Wittenberg
Güsten
IV.R.
Krefeld
Meschede
Nordhausen
Falkenberg
M.Gladbach
Neuß
Eichenberg
IV.
Torgau
Kassel
Halle

„Angenehme Unterbrechung"

"Vor der Abfahrt"

Abtransport des III/76 an die Sommefront, 22. 8. 1916

Sanitäts-Unterstand in der 3. Stellung vor Morval (Stabsarzt Dr. Kramer, Oberarzt Dr. Hartwig)

Anmerkungen:

1) Böhme, Margarete: Kriegsbriefe der Familie Wimmel. Dresden 1915. S. 86.
2) Die Grundlage für die militärische Nutzung der Eisenbahnen bildete das Gesetz über die Kriegsleistungen vom 13. Juni 1873. Das deutsche Eisenbahnnetz war in Liniengebiete eingeteilt, in denen 26 Linienkommandanturen die notwendige Kommunikation mit der zivilen Eisbahnverwaltung herstellten. Die Linienkommandantur J stationierte beispielsweise in Altona.
3) Aufgrund des Schlieffen-Plans wurden in den ersten 20 Mobilmachungstagen etwa 20.800 Eisenbahntransporte abgewickelt. Für den gewaltigen Aufmarsch von 7 deutschen Armeen an der Westfront mussten die militärischen Einheiten weite Wege aus dem Inneren Deutschlands zurücklegen und dabei möglichst schnell und reibungslos an die Front gelangen. Die größte Herausforderung war eben gerade anfangs die Westfront. Dort wurde schnell ein Aufgebot von über 1.500.000 Mann gebraucht, während die Ostfront zunächst „nur" 500.000 Soldaten erforderte. Allein zur Verstärkung des XV., XVI. und XXI. Armeekorps (nach Straßburg, Metz, Saarbrücken) wurden in den ersten 6 Mobilmachungstagen ungefähr 112.000 Mann und 23.000 Pferde an die Westgrenze transportiert.
4) Das Wort Etappe wurde in der napoleonischen Zeit ins Deutsche übernommen und findet sich im Deutschen als Stapeln wieder: Ein Stapelplatz für Kriegsausrüstung aller Art im Rücken der Front. Im Ersten Weltkrieg bildete die Etappe eine Verbindungszone

zwischen kämpfender Truppe und Heimat. Diese erstreckte sich vom rückwärtigen Heimatgebiet bis hin zum eigentlichen Operationsgebiet. Im Etappenort lagen die wichtigen Frontlazarette, Pferdelazarette, Genesungsheime sowie auch die Freizeiteinrichtungen für Truppen. Die Verpflegungsvorräte, Feldpost und die Liebesgaben aus der Heimat gelangten mit Eisenbahnzügen oder Schiffen in die Etappengebiete. Die bürokratische Organisation unterlag der Etappeninspektion, an deren Spitze ein General stand, der über einen großen Stab von Mitarbeitern verfügte. Dieser war für die Verpflegung und den Verkehr zuständig sowie im Besatzungsgebiet für den Umgang mit der zivilen Bevölkerung und den Verwaltungsbehörden.

5) Reichsarchiv. Der Weltkrieg 1914-1918. Bd. 1. Das deutsche Feldeisenbahnwesen. Viertes Kapitel. S. 146.

6) Schwaben, v. Hans: Der Weltkrieg 1914. Ein unpolitisches Kriegs-Tagebuch zum ewigen Gedenken, gesammelt und herausgegeben von Hans von Schwaben. Hamburg 1914. S. 35.

7) Ebenda: S. 19.

8) Goetz, Adolf: Hamburgisches Kriegstagebuch. Hamburg 1914. S. 175.

9) Wolzogen, Ernst von: Landsturm im Feuer, Verlag Ullstein Berlin-Wien 1915. S. 34.

10) Großes Hauptquartier, den 22. August 1914. Wilhelm, I. R". Greifswalder Zeitung vom 23. August 1914.

11)„Ist die behördliche Enährungsregelung notwendig?" Herausgegeben von der Nachrichtenabteilung

des Kriegsernährungsamts. S. 10.
12) Landesarchiv Greifswald: Rep. 60 c Oberpäsident, Nr. 2883, „Kriegswirtschaftsämter“, Bl. 46 ff., S. 17.

8 Angst ums liebe Geld

Der Kriegsausbruch schürte soziale Ängste und Unsicherheiten bei den Leuten, das betraf alle Lebensbereiche, wie die Frage nach dem Arbeitsplatz, wie lange gibt es ausreichend Butter und Mehl zu kaufen, was wird mit den Kindern, wenn die Lehrer in den Krieg ziehen und ganz wichtig: Was wird mit dem Ersparten?

Mitte Juli machte sich an den Börsen eine rückläufige Kursbewegung bemerkbar, erst allmählich, dann immer heftiger. Am 29. Juli wurden die Kurse gestrichen. Um einer weiteren Entwertung des mobilen Kapitals Einhalt zu bieten, schloss die Börse am 1. August. Der Krieg war in der deutschen Finanzwelt angekommen.[1]

Hamburger Börse

Auch die Banken und Sparkassen wurden mit Kreditanträgen und Wechseleinlösungen bestürmt und die Kunden forderten Summen von ihren Sparbüchern und sonstigen Einlagen zurück.

Kontoinhaber auf den Hamburger Geldinstituten trauten der Sicherheit ihrer Finanzeinlagen nicht mehr und wollten größere Abhebungen tätigen. In der Hansestadt existierten 2 öffentliche Sparkassen (Ende 1917 mit 29.850 Sparbüchern) und 3 nicht öffentliche Sparkassen mit 129 Filialen mit insgesamt 751.804 Sparbüchern (Ende 1917).[2] Nach den kommunalen Sparkassenstatuten beispielsweise war aber die Höchstsumme für Abhebungen pro Tag auf 5 Prozent des Sparguthabens begrenzt. Deshalb führte der „Bank Run" auch nicht zum sofortigen Ruin der Geldinstitute.

Massenhafte Geldabhebungen waren in jenen Jahren allerdings nicht neu. Das war in der Reichshauptstadt Berlin so, wo schon am 27. Juli 1914 circa 7.000 Sparer insgesamt 935.000 Mark abhoben und das setzte sich in Hamburg fort. Aus der Zeitung erfuhren die Leser, dass mit dem Tag der Mobilmachung zwei erfolgreiche Bankiers bekannter deutscher Geldinstitute, in Weimar und Potsdam, durch Selbstmord aus dem Leben schieden, was die Spekulationen um das Geld nur noch anheizte.

Insbesondere Kleinsparer schmälerten ihre Guthaben, die Industriearbeiter, Dienstboten oder Landarbeiter. Die meisten ausziehenden Soldaten dachten tatsächlich, der Krieg würde nur eine überschaubare Zeit andauern und sie meinten bald wieder vom Schlachtfeld heimzukehren. Nicht wenige glaubten gar, Weihnachten werde man wieder daheim sein. Mit dem Gestellungsbefehl zu den Bezirkskommandos in Hamburg, Harburg, Altona, Cuxhaven u.a. in der Hand, suchten Männer und Väter eilig die Kassen auf, um für ihre Abwesenheit bares Geld für Frau und Kinder zu hinterlassen, es sollte helfen, die kommenden schweren Zeiten zu überstehen.

„Hein Kröger hatte über den Krieg gegen England seine besonderen Gedanken.

Er war jetzt dreizehn Jahre zur See gefahren. Zuerst mit einem Hamburger Salpetervollschiff nach Iquique. Dann auf einem englischen Tramp-Dampfer rund um die Welt. Zuletzt war er Quartermeister bei Woermann gewesen. Ein wenig schwerfällig, aber tüchtig, verträglich und voll Humor, ein echter Hamburger Junge - das war er. Und verheiratet dazu - mit Milli Mahlstedt vom Röhrendamm. Und er hatte zwei runde Kinder.

So traf ihn der Krieg, als er gerade 48 Stunden zu Hause war. Am zweiten Mobilmachungstage reiste er nach Cuxhaven ab. Er hatte bei der Küstenartillerie gedient. Seine Kollegen sagten, deswegen Plattfuß.

Er schrie nicht Hurra, als der Krieg ausbrach. Er hatte mit Milli, die eine kleine Feinplätterei betrieb, im letzten Jahre zum ersten Male etwas erübrigt.

Nun kam diese Kriegsorder dazwischen. Und alles Geld flog in alle Winde. Nein, warum sollte er Hurra schreien? Er war überhaupt kein Patriot im Straßensinne. Er las seine sozialdemokratische Zeitung und war ein eifriges Mitglied des Seemannsverbandes. Wenn die Rede auf Krieg kam, so bekannte sich Hein Kröger immer als Gegner aller Kriege und als Freund aller Völker.“[3]

Bei den meisten Leuten reichten die mühsam zusammen getragenen Ersparnisse so wie so nicht auf lange Zeit, waren absehbar bald aufgebraucht, nur vorläufig sollte es reichen! Wieder ein Irrtum, der Krieg sollte viel länger andauern und von Beginn an musste die gesetzliche staatliche Familienunterstützung für die zurückgelassenen Soldatenfamilien sorgen und die Kommunen halfen, mit finanziellen Zuschüssen die größte Not zu lindern.

Desgleichen traute man aus Angst vor einer Inflation dem Papiergeld nicht mehr: den Reichsbanknoten (5 und 20 Mark, zu 50, 100 und 1000 Mark) und neu eingeführten Darlehnskassen- und Reichskassenscheinen.[4]

Die Darlehnskassen sollten den Kreditbedarf für die Geschäftswelt decken. Allerdings waren für die Gewährung Gegenleistungen notwendig. Ein Darlehen erhielt nur, wer entsprechend Betriebsmittel wie Maschinen und Anlagen, Rohstoffe oder Grund und Boden verpfändenden konnte. Gerade viele Kleinunternehmer gingen leer aus.

Die Lage eines Hamburger Kaufmanns

Meine Firma arbeitet nur nach den Ländern, mit denen wir Krieg führen sowie nach Übersee. Die Lage meiner Firma ist nun die folgende: 1. Der Wert meines hiesigen Lagers, bestehend, aus dem Verderben nicht ausgesetzten und dauernden Wert behaltenden Waren (die Beleihung solcher Waren verfügte der Bundesrat), repräsentiert eine sehr beträchtliche Summe. Die

Darlehenskasse lehnt eine Beleihung ab. 2. Meine Außenstände im Ausland beziffern sich auf eine noch viel größere Summe. Durch Unterbindung jeglicher Postverbindung ist nichts mehr einziehbar. 3. Ich erhielt mit Verspätung, infolge der Zensur, im August einen großen Betrag in Checks, die auf englische Banken lauten. Diese Checks sind jetzt aber unbelegbar; Versuche, sie durch Banken neutraler Länder einzukassieren scheiterten, da englische Banken die Zahlung aller Checks verweigern, die an deutsche Firmen ausgestellt oder von Deutschen indossiert sind. Meine Firma, deren Kapital stetig im Geschäft arbeitet, besitzt demnach wenig Barmittel. Aller Möglichkeiten diese zu beschaffen beraubt, musste ich a) meine Angestellten entlassen; b) kann ich meine deutschen Kreditoren auch nicht einmal teilweise befriedigen; c) kann ich keine Miete und so weiter zahlen; d) habe ich nur noch genügend Geld für einen einmonatigen Lebensunterhalt für meine Familie.[4]

Weiterhin sollten die Darlehnskassenscheine von einer, zwei und 5 Mark den eingetretenen Kleingeldmangel, insbesondere an kleinwertigen Silberstücken, kompensieren. Deutschland war durch die Mobilmachung das Kleingeld ausgegangen, außer an Nickelgeld für 10 und 5 Pfennig und 2-Pfennig-Kupferstücken.[5]

Hamburg den 7. August 1914
Der Senat hat folgende Bekanntmachung erlassen: In diesen Tagen hat sich hier ein großer Mangel an Silbergeld so wie an fünf und zehn Markscheinen fühlbar gemacht, weil Ängstliche diese Zahlungsmittel zurückhalten. Die Entziehung des als Wechselgeld unentbehrlichen Kleingeldes bedeutet eine schwere Schädigung für die Gesamtheit und namentlich auch für die große Masse der Bevölkerung. Es ist da die Pflicht jedes einzelnen, die kleine Zahlungsmittel nicht zurückzuhalten und sie soweit er sie bisher zurückgehalten hat, sofort den Verkehr wieder zuzuführen.[6]

Jeder wollte auf den Geldinstituten Scheine gegen Münzen eintauschen. Im Umlauf waren vor dem Krieg etwa 2750 Milionen Mark in Gold und 750 Millionen Mark an Silbermünzen.[7] Goldkronen wurden in der Kriegszeit nur voch 1915 (für etwa 15 Millonen Mark) geprägt, Silbermünzen nicht mehr. Das im Volk vorhandene Gold- und Silbergeld wurde durch Agitation in die Reichsbank gelenkt, um das Reich im Ausland zahlungsfähig zu halten, was man „Entgoldung des Zahlungs-Verkehrs" nannte. Eine legale Außerkurssetzung erfolgte lediglich bei Silbergeld und zwar erst durch Verordnung vom 13. April 1920.

Der Edelmetallgehalt der Silbermünzen zu 50 Pfennig, 1, 2, 3 und 5 Mark oder vom Goldgeld (Doppelkronen zu 20 Mark und Kronen zu 10 Mark) konnte alle Zeiten und Währungen überdauern. Allgemein stand der Nennwert von einer Silbermark für einen Feingehalt von fünf Gramm Silber. Eine fünf Mark Silbermünze enthielt also 25 g Silber. Mit Münzen wusste man hatte, was im Sparstrumpf oder in der Zigarrenkiste lag. Schließlich wies die Regierung in Berlin die Reichsbank- und Postbeamten an, jeden Umtausch in edles Hartgeld einzustellen.

Dennoch nahmen sich auch in Hamburg einzelne Kaufleute heraus, Papiergeld abzuweisen und vom Kunden nur Hartgeld zu akzeptieren und noch dazu trieben sie die Warenpreise unzulässig hoch. So blühte erstmals der Kriegswucher auf.

Um dem allgemeinen Misstrauen zu den deutschen Finanzen entgegenzuwirken, veröffentlichten die Zeitungen mahnende Artikel und die Redakteure hörten im Auftrag der Geldinstitute nicht auf zu betonen, dass das Geld auf den heimischen Geldinstituten absolut sicher sei: Die Abhebung von Spar- und Bankeinlagen sei verkehrt. Das Geld wäre bei den Banken sicher aufgehoben und als Privateigentum jedem Zugriff des eigenen Staates sowie des Feindes entzogen. Papiergeld wäre auch in Kriegszeiten dem gemünzten Gelde als völlig gleich zu achten.

Der Stellvertretende Generalkommandeur des IX. Armeekorps zu Altona drohte gar, alle Geschäfte, Wirtschaften, Hotels usw. unverzüglich polizeilich schließen zu lassen, in denen Reichskassenscheine und Reichsbanknoten nicht zum vollen Wert in Zahlung genommen oder wo für notwendige Nahrungsmittel unverhältnismäßige Preise gefordert wurden. Binnen Kurzem sollte die Festsetzung von Höchstpreisen erfolgen.

Handwerk und der Handel hatten schon in der ersten Kriegswoche die Zahlungen auf Rechnung verweigert und verlangten für ihre Leistungen und den Verkauf von Waren konsequent eine Barzahlung. Wie die Kohlenhändler annoncierten, konnten die Käufer den „kläglichen" Rest an Briketts und Steinkohlen nur noch gegen Bares erwerben. Ja, die Unsicherheit um das Geld war eben groß.

Auf den Märkten schritt die Polizei gegen den unerhörten Preiswucher ein, beispielsweise gegen auswärtige Kartoffelhändler, die ganz unverhältnismäßig hohe Preise verlangten.

Die Hausfrauen bevorrateten sich in den Kolonialwarengeschäften auf lange Zeit. Die Lebensmittelpreise schnellten in die Höhe. Händler verlangten für Mehl und Salz den vierfachen Preis. In Barmbeck plünderten Zornige ein Laden. Solche „unpatriotischen" Vorfälle traten aber immer wieder auf.

Der Herbst verging und der erste Kriegswinter stand vor der Tür. Die zu Beginn eingetretene Verkehrsstockung, führte sofort zum Anstieg der Kohlepreise. Ein Zentner Kohle kostete 1,60 Mark, für einen Zentner Briketts mussten 1,30 Mark und darüber bezahlt werden. Nachdem die Eisenbahn wieder Kohlentransporte fuhr und auch die Zufuhr schlesischer Kohlen möglich wurde, fielen die Preise wieder. Um die ärmere Bevölkerung zu unterstützen, kaufte die Stadt Kohlen an und gab sie zu billigen Preisen ab.

Am meisten wurde Hamburg selbst durch den kriegsbedingten Wegfall der Steinkohlenimporte aus England geschädigt. Während die Stadt vor dem Krieg für einen Zentner englische Kohlen rund 0,97 Mark aufzuwenden brauchte, kostete nun der Zentner aus Schlesien 1,15 Mark und ein Zentner westfälischer Kohle 1,25 Mark. Mit Rücksicht auf die Verteuerung musste der Gaspreis um drei Pfennig erhöht werden.

Der Krieg vermochte den Sparwillen der Hamburger nicht zu brechen. So schien es. Auf den Geldinstituten stiegen die Einlagen der Bürger. Im Verlauf des Jahres 1917 zahlten sie bei den beiden öffentlichen Sparkassen 8.731.000 ein (inklusive Kriegsanleihen), der Zuschlag durch Zinsen betrug insgesamt 586.000, während sie nur 5.976.000 Mark abhoben.[8] Denn wer Arbeit hatte oder Einkünfte aus Vermögen, durch Vermietung usw., wofür sollte er oder wollte sie das Verdiente ausgeben? Der Konsum war durch den Mangel an Waren total eingeschränkt.

Zwar verschlangen die Nahrungsmittel mit den Preissteigerungen einen großen Teil des Monatslohns, doch sonst gab es in den Warenhäusern und Läden nicht viel zu kaufen. Nach dem Eintritt der USA in den Weltkrieg 1917 endeten die Baumwollimporte und die deutsche Textilindustrie musste die Werksproduktion herunterfahren. Die restlichen Rohstoffe wurden zur Verarbeitung für medizinische Zwecke wie Verbandsmaterialien, Krankenhauswäsche usw. reserviert. Die Zivilbevölkerung war gezwungen mit der vorhandenen Kleidung und Wäsche im Schrank auszukommen usw. Neue Textilien gab es nur für Kranke und Säuglinge auf Bezugsscheine zu kaufen. Haushaltsneugründungen (junge Ehen) sollten sich durch Verwandte aushelfen lassen oder auf das neue Gewebe aus Papiergarn (ab 1917) zurückgreifen.[9]

Im Herbst 1918, zu Kriegsende, kehrte die Angst um das Geld wieder ein. Während die Oberste Heeresleitung zu guter Letzt praktisch den Sieg befahl, hatte sich in großen Teilen der Bevölkerung längst Pessimismus ausgebreitet.

Ludendorff am 6. Oktober 1918
Geht die Entente nicht darauf ein, sondern will sie uns auf die Knie zwingen, so wird sie Volk und Heer bereit finden, die deutsche Ehre und den deutschen Boden bis zum letzten zu verteidigen. Die Kraft des Heeres ist ungebrochen. Schrittweise wird es gegen die Reichsgrenze zurückweichen. Die bestehenden Gebiete werden durch die Schuld der Entente der Verwüstung preisgegeben sein. Gezeichnet Ludendorff.[10]

24. Oktober 1918
In der letzten Zeit hat sich in ganz auffälliger Weise ein Aufsammeln von Zahlungsmitteln, namentlich den jetzt den Zahlungsverkehr vermittelnden Banknoten, bemerkbar gemacht. Gegen dieses Hamstern von Banknoten muß umso mehr mit allem Nachdruck gewirkt werden, als diese Erscheinung sehr bedauerlicherweise sich nahezu in allen Kreisen bemerkbar macht. Es behalten jetzt die Arbeiter das von ihrem Lohn Ersparte im Hause und bringen es nicht mehr zur Sparkasse und ebenso werden im Mittelstand und selbst in begüterten Kreisen die Zahlungsmittel im Hause festgehalten.

Es muß auf die große Gefahr aufmerksam gemacht werden, die durch dieses Treiben für die ganze Volkswirtschaft entsteht.

Das Aufsammeln von Banknoten ist ein wahres volkswirtschaftliches Unglück und schließlich käme die ganze Volkswirtschaft zum Stillstand, wenn die Zahlungsmittel nicht mehr in den Umlauf zurückkehren. Durch diesen Hinweis wird schon die ganze Torheit und Unsinnigkeit der Banknotenhamsterei gekennzeichnet. Die Leute, die aus Angst oder Unverstand das Geld im Hause zurückhalten, denken nicht daran, wie sehr sie damit sich und die Allgemeinheit schädigen.

Der Schaden für den Einzelnen kommt namentlich nach drei Richtungen hin in Betracht: Erstens ist das Geld im Hause leichter dem Diebstahl, dem Verlust oder der Vernichtung ausgesetzt, als in einer Sparkasse oder Bank; zweitens bringt das Geld im Hause keine Zinsen und drittens ist der Zahlungsverkehr mit dem Gelde selbst, namentlich bei größeren Zahlungen nach außerhalb hin viel umständlicher, unbequemer und teurer als bei der Überweisungsverkehr durch eine Bank oder Sparkasse.[11]

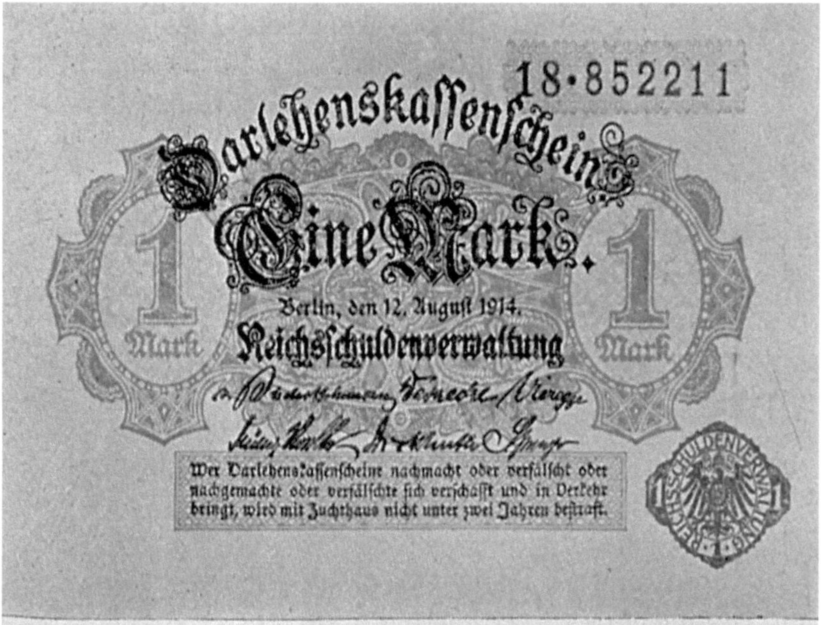
18·852211
Darlehenskassenschein
Eine Mark.
1 Mark
1 Mark
Berlin, den 12. August 1914.
Reichsschuldenverwaltung
Wer Darlehenskassenscheine nachmacht oder verfälscht oder nachgemachte oder verfälschte sich verschafft und in Verkehr bringt, wird mit Zuchthaus nicht unter zwei Jahren bestraft.
Reichsschuldenverwaltung

9·868420
Darlehenskassenschein
Zwei Mark
2
2
M
M
Berlin, den 12. August 1914
Reichsschuldenverwaltung
Wer Darlehenskassenscheine nachmacht oder verfälscht oder nachgemachte oder verfälschte sich verschafft und in Verkehr bringt, wird mit Zuchthaus nicht unter zwei Jahren bestraft.
Reichsschuldenverwaltung

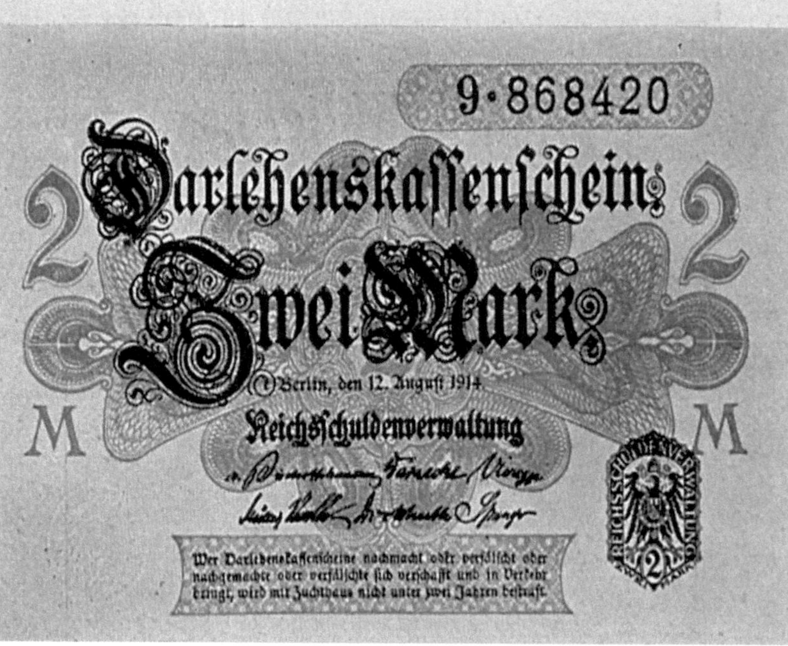

Anmerkungen:

1) Baecker, Willy: Die deutschen Banken im Jahr 1914. S. 2.

2) Statistisches Jahrbuch für das Deutsche Reich. VIII Geld- und Kreditwesen. S. 176-177.

In Hamburg wurde 1778 die „Ersparungscasse" (Armensparkasse) der Allgemeinen Versorgungsanstalt als weltweit erste Sparkasse gegründet. Danach entstand die „Hamburger Sparcasse von 1827" (Haspa) und darauf „Neue Sparcasse von 1864" (Neuspar). Ziel dieser beiden wie auch anderer früher Sparkassen ist es, die Ersparnisbildung und die finanzielle Vorsorge breiter Bevölkerungsschichten zu fördern und das in der Region vorhandene Kapital für die wirtschaftliche Entwicklung vor Ort einzusetzen. 1918 umfasste das deutsche Reichsgebiet 2950 Sparkassen (und 8741 Filialen).

3) Köster, Adolf: Der Tod in Flandern. Kriegsnovellen. Viertes Bändchen. Albert Langen Verlag München. 63.

4) Goetz S. 318.

5) Um den Goldbestand des Reichs zu sichern, wurde gleich zu Anfang des Krieges das Münzgesetz dahin abgeändert, sodass bis auf Weiteres anstelle der Goldmünzen Reichskassenscheine und Reichsbanknoten traten (Gesetz vom 4. August 1914 Ges.-Bl. 326).

Die Goldmünzen wurden in der Reichsbank angesammelt und erreichten bis Ende 1916 den Betrag von ca. 2,75 Milliarden Mark. Zur leichteren Bewältigung des Zahlungsverkehrs wurden mit obigem Gesetz (Ges.-Bl.

340) 99 Darlehnskassen in deutschen Städten gegründet und Darlehnskassenscheine ausgegeben. Diese sowohl als auch die Reichskassenscheine wurden gesetzliche Zahlungsmittel.

Die vorher geltende Bestimmung, wonach die Reichsbank verpflichtet war, Kassenscheine auf Verlangen wieder in Gold umzuwechseln, wurde aufgehoben (Ges.-Bl. 1914, S. 347.

Scheine zu 1, 2, 5, 20 und 50 Mark wurden herausgegeben (Gesetz vom 31. August 1914 Ges.-Bl. 393) und für diese ebenso die Verbindlichkeiten zur Umwechslung in Gold außer Kraft gesetzt (Gesetz vom 28. August 1914 Ges.-Bl. 417).

Das Bankgesetz schrieb vor, dass nur soviel Papiergeld ausgegeben werden durfte, wie die vorgeschriebene Deckung zuließ. Diese Deckung war eine dreifache: ein Drittel durch den Goldbestand, ein Drittel durch Wechsel und das letzte Drittel durch Lombardierung. Wenn in der Reichsbank beispielsweise 2 Milliarden Gold lagerten, so konnten höchstens 6 Milliarden in Papiergeld ausgegeben werden; von diesen wurden 2 Milliarden durch das Gold gedeckt. Zwei weitere Milliarden erhielten Deckung durch absolut sichere Wechsel, die die Reichsbank ausgab. Wechsel waren 1914 im geschäftlichen Leben schon lange als Zahlungsmittel üblich und die Wechsel der Reichsbank, zwei einwandfreie Bürgen sicherstellten, boten entsprechend Sicherheit. Das letzte Drittel wurde gedeckt durch Lombardierungen, d. h. Verpfändungen von Waren (z. B. Holzlager, Warenbestände) oder Wertpapieren. Aber was musste für einige Waren bezahlt werden.

6) Goetz, Adolf: Hamburgisches Kriegs-Tagebuch 1914. Behrens-Verlag, Hamburg 1914. S. 56.

7) Wirtschaft und Statistik 2. Jg. Nr. 9, 1922. S. 305.

8) Statistisches Jahrbuch für das Deutsche Reich. VIII Geld- und Kreditwesen. S. 176-177.

9) Ein solider Herrenanzog, keineswegs ein extravaganter, kein Frack, kostete 1918 700 Mark (1913 etwa 200 Mark). Stubenmöbel erfuhren bis Ende 1918 eine Preissteigerung um 2,2 Prozent, Küchenmöbel um 5, Haushaltswäsche um 17,5, Teppiche um 8,9 %. Vgl. Wirtschaft und Statistik 2. Jg. 1922 Nr. 7, S. 224.

10 https://tsamo.germandocsinrussia.org/de: Chef des Generalstabes des Feldheeres. Geheim! Persönlich! Akte Nr. 169 S. 5.

11) Vertrauliche Mitteilungen, Nr. 18, 1918.

9 Kriegerfrauen

> Brief: „Hilde Steuermann, Buchdruckereibesitzergattin an ihren Vater, Rat Feltern, auf Rügen.
>
> 6. August 1914. Lieber Vater! Mein erster freier Augenblick seit 6 Tagen. Täglich denke ich: wenn ich dich hier hätte! Wie lange wird es nur dauern, bis dieser Brief zu dir hinauf nach Rügen kommt! Für eine Frau in meiner Lage ist es schier zu viel, was jetzt alles auf mich geladen wird."[1]

Von Anfang an wurden die Soldatenfrauen zu Kriegerfrauen ausgerufen, wodurch sie direkt angesprochen und für den Krieg mobilisiert wurden. Dahinter verbarg sich einmal mehr ein ideologisches Schlagwort der Zeit, von denen viele im Ersten Weltkrieg geprägt wurden und die in die Alltagssprache eingingen.

Als solche galten zurückgelassene Ehefrauen und Mütter, deren Männer oder Söhne im Krieg kämpften und die Frauen zu Hause allein die Last im Alltag trugen. Ihnen galten die Hilfe und die Aufmerksamkeit der Kriegsgesellschaft. Zugleich wurden Frauen und Mädchen vor diesem Hintergrund für zivile Kriegszwecke dienstbar gemacht und in die moralische Pflicht genommen.

> In geschlossenen Lokalen schwatzend zu sitzen ... nachts hinter Büchern zu hocken, das raubt der deutschen Frau ihre Festigkeit ... So sei denn Deutschlands Frauenwelt treu auf der Wacht! Wir brauchen sie! Wir brauchen sie in zu künftiger Zeit

am blutnötigsten:
Gesunde Mütter!
Gebildete Mütter!
Gesegnete Mütter!
Die braucht unser Volk![2]

Indessen verschlechterten sich die finanziellen und sozialen Lebensbedingungen für die Frauen und Familien in jeder Hinsicht schlagartig. Täglich verließen Männer in Scharen die Heimat und die Frauen blieben mit den Anforderungen des Tages zurück. Der anfängliche Jubel auf den Straßen war schnell verflogen und bald waren sorgenvolle Gespräche zu hören: „Das Leben muss ja weiter gehen" oder „Wenn die Kinder nicht wären ..." In der Wilhelminischen Gesellschaft war die soziale Stellung der Frau dem Mann traditionell untergeordnet. Der Kampf für politische und soziale Frauenrechte spitzte sich durch die Industrialisierung zu und wurde sowohl im Bürgertum als auch im Proletariat, mit unterschiedlichen Zielstellungen, ausgetragen. Mit dem Ersten Weltkrieg traten politische Interessen in den Hintergrund, auch zwischen der bürgerlichen und der proletarischen Frauenbewegung. Der „Burgfrieden" setzte ebenso zwischen den Frauenverbänden ein. Schließlich ging es um die „bloße Existenz" bis zu den Kindern. Die bis dato unerfüllte Einforderung des Frauenwahlrechts stand erst wieder mit der Aussicht auf ein „neues Deutschland" zur Debatte.

Männer waren nicht nur die Haupternährer der Familie, sondern galten als so genannter Hausvorstand, und nicht allein juristisch, als letzte Instanz in der Familie.

Der Krieg brachte enorme Veränderungen mit sich, viele

hamburgische Frauen wurden mit ganzer Person gefordert, auf ihren Schultern ruhte die wirtschaftliche und soziale Verantwortung für Kinder oder Eltern. Nun gingen die Frauen auf die Ämter, suchten Arbeit und mussten sich durchzusetzen. Das galt genauso innerhalb der Familie und wie in der Kindererziehung. Was alles schwierig war, denn es gab permanent neue staatliche Vorschriften, an denen sich die Frauen zu halten hatten.

Die wirtschaftlich Stellung der Frau in der Hamburger Gesellschaft gestaltete sich Anfang des 20. Jahrhunderts ambivalent. In einer kinderlosen Ehe gewährte hauptsächlich die Arbeit des Mannes den Lebensunterhalt. In einer Arbeiterfamilie mit Kindern konnte die Versorgung aller nur unter Mitarbeit der Ehefrau gesichert werden. Für eine allein stehende Frau reichte häufig selbst die Erwerbstätigkeit kaum aus, um vom eigenen Lohn ohne Sorgen leben zu können.

Nach den Berliner Berechnungen von Robert René Kuczynski[3] lag im Frühjahr 1914 für einen Arbeiter das Existenzminimum bzw. das Verhältnis von Einkommen und notwendigem Bedarf (Lebensmittel, Miete, Kleidung, Heizung, Strom, Gas usw.) monatlich bei 67 Mark, für Verheiratete ohne Kinder bei 89,20; ein Ehepaar mit 1 Kind benötigte 102,20 und eine Familie mit 2 Kindern brauchte 115,20 Mark zum Leben.

Frauenarbeit wurde in Deutschland weit weniger bezahlt als Männerarbeit. Während bei Männern der hamburgische ortsübliche Tageslohn (für Arbeiter) bei 3,80 Mark lag, standen Frauen lediglich 2,50 Mark zu. Arbeiter konnten monatlich etwa 80-100 bzw. ein Jahreseinkommen von etwa 1000 Mark und darüber erzielen, Arbeiterinnen mussten sich mit 60-70 monatlich bzw. 750 Mark jährlich begnügen.

Eine andere hamburgische Grenzmarke für die Lebensqualität zeigte sich anhand der Lohnsteuerzahlung, die bei Arbeitsverdienst jährlich ab 900 Mark (mit vollem Satz) oder mit einem steuerbaren Vermögen von mehr als 6000 Mark einsetzte. Unterhalb der gesetzlichen Lohnsteuerveranlagung bei 900 Mark begann der Niedriglohnsektor. Und darunter lebten einige Tausend Arme Hamburgs ohne jegliches Einkommen aus verschiedensten Gründen, die traditionell der Armenfürsorge zufielen.[4]

Unter der arbeitenden Bevölkerung befand sich ein beachtlicher Teil Frauen (gewerbliche Berufszählung 1907): Die Industrie beschäftigte insgesamt 162.543 Arbeitskräfte, darunter 32.443 weibliche, 1.339 Arbeitnehmerinnen arbeiteten in Handwerksbetrieben, 44.467 im Bereich Handel, Verkehr, Gast- und Schankwirtschaft, 924 im Musik-, Theater- und Schaustellungsgewerbe, zusammen hatte die Stadt 79.470 weibliche Erwerbstätige.[5]

Das größte Arbeitszentrum war der Hafen und das Freihafengebiet mit Hunderten kleinerer Unternehmen. Nach der Volkszählung von 1910 arbeiteten dort 6.184 Frauen, davon etwa 4.000 als Arbeiterinnen (plus 61.140 Männer).[6]

Mit dieser sozialen Ausgangslage begann für Hamburg die Kriegszeit. Sie verschärfte sich sofort bei Einzug der Ehemänner an die Front; das Geld der Haupternährer fehlte. Ohne die finanzielle Unterstützung von Staat und Kommune sowie durch die bald einsetzende Wohlfahrt wäre der Abstieg von Frauen und Familien in die Armut vorprogrammiert gewesen.

Das betraf nicht nur die Industriearbeiterschaft, sondern auch Beamte, Angestellte und Arbeiter im öffentlichen Dienst. Staat und Stadt Hamburg beschäftigten etwa 30.000 Personen. Im Dienst der Stadtverwaltung Altona standen noch im Jahr 1918 1.155 Arbeiter und Angestellte.

Nach dem Reichsmilitärgesetz erhielten Kriegsteilnehmer aus dem Staatsdienst Gehälter und Löhne prozentual weiter gezahlt, Beamte voll mit Anrechnung von 7 Zehntel des Offiziersolds bis zu einer Höhe von 3.600 Mark im Jahr, und Arbeiter zu 50 Prozent, sodass diese Kriegerfrauen und Familien zu Hause zunächst einigermaßen finanziell abgesichert waren. Später erhielten sie noch jährliche Teuerungszulagen zum Ausgleich der gestiegenen Lebenskosten.

> „Die Hamburgische Bürgerschaft hielt (am 6. August 1914) eine Kriegssitzung ab, in der über die Anträge des Senats: Erlaß einer Amnestie, Bereitstellung der Mittel für die durch den Krieg erwachsenden Ausgaben, Gesetz über die Gehalt- und Lohnfortzahlung an staatliche Angestellte und Arbeiter während des Feldzuges, Errichtung einer Hamburgischen Beleihungskasse für Hypotheken, Gewährung einer Staatshilfe an die Patriotische Gesellschaft zur weiteren Ausgestaltung der Arbeitsvermittlung auf dem Lande, Beteiligung an der Hamburgischen Bank von 1914 A. G., Nachbewilligung für das Allgemeine Krankenhaus Barm-

> beck beraten werden sollte. Alle Vorlagen wurden einstimmig angenommen."[7]

Für alle anderen Soldatenfrauen und Soldatenfamilien galten die nach dem Reichsgesetz vom 28. Februar 1888 und der Novelle vom 4. August 1914 Unterstützungssätze. Das Gesetz verpflichtete die Lieferungsverbände (Städte, Kreise, Länder) zur Auszahlung. Ab August 1914 betrug die Reichsfamilienunterstützung 9 Mark (Sommersatz) und im Winter 12 Mark monatlich für die Ehefrau, für Kinder unter 15 Jahren 6 Mark und wurde mehrmals erhöht, letztmalig zum 1. Oktober 1918; andererseits auch auf uneheliche Kinder ausgedehnt, ebenso für schuldlos geschiedene Soldatenfrauen, elternlose Enkel, Pflegeeltern und Pflegekinder usw.

> „Auf der anderen Seite darf aber auch in der Zahlung der Familienunterstützungen, von derem regelmäßigen Fortgang die Kampfesfreudigkeit der vor dem Feinde stehenden Familienväter ebenfalls wesentlich abhängig ist, keine Unterbrechung eintreten."[8]

Die Reichsfamilienhilfen galten gleichsam als Mindestsätze, die Kommunen waren aufgefordert Zusatzhilfen zu leisten. Senat und Bürgerschaft beschlossen Zuschläge von zwei Dritteln. Somit erhöhten sich beispielsweise die 9 Mark der Ehefrau auf 15 Mark (ohne Kinder). Darauf folgte am 4. September 1914 eine Aufstockung für etwa 30.000 Betroffene:

Der Senat hat beschlossen und bringt zur öffentlichen Kenntnis: Den nach dem Reichsgesetz von 28. Februar 1888 unterstützungsberechtigten Angehörigen der Kriegsteilnehmer, soweit sie bedürftig sind, werden in Zukunft Unterstützungen nach folgenden Sätzen gewährt, unbeschadet des Rechts über diese Sätze hinauszugehen, falls die Verhältnisse dies erfordern:

1. für alleinstehende Männer (Väter) monatlich 40 Mark, 2. für unverheiratete Frauen (Mütter) monatlich 35 Mark, 3. für Kinder, die sich nicht in der Pflege eines unterstützungsberechtigten Angehörigen des Kriegsteilnehmers befinden, monatlich 15 Mark, 4. für ein kinderloses Ehepaar monatlich 55 Mark, 5. für eine Frau mit einem Kind monatlich 50 Mark, 6. für eine Frau mit zwei Kindern monatlich 62 Mark, 7. für eine Frau mit drei Kindern monatlich 72 Mark, 8. für eine Frau mit vier Kindern monatlich 80 Mark, 9. für eine Frau mit fünf Kindern monatlich 87 Mark, 10. für eine Frau mit sechs Kindern monatlich 93 Mark, 11. für jedes weitere Kind monatlich 6 Mark.

Unterstützungsberechtigte Erwachsene in der Familie werden wie Kinder gezählt. Hamburg steht nun an der Spitze aller deutschen Städte in der Versorgung der Angehörigen der Kriegsteilnehmer. Die Summen, die der Staat allmonatlich hierfür auswerfen muß, sind ganz bedeutend. Ein nicht unerheblicher Teil davon wird auch für die Miete dieser Familien aufgewandt werden, so daß sie jetzt sorgenlos hinsichtlich ihres materiellen Daseins in die Zukunft blicken können.[9]

Der Lebensunterhalt eines Mannes wurde höher angesetzt. Mit welcher Begründung? War es seine Arbeit, der Anzug, die Pfeife oder das Bier?

Die Gewährung aller sozialen Leistungen setzte eine wirtschaftliche Bedürftigkeit voraus, die bei jedem Antrag sorgfältig geprüft werden musste. Als genereller Nachweis galten die Einkommensteuerzahlungen des Vorjahres bis zu einer gewissen Höhe (unter dem Existenzminimum), kleine Sparguthaben blieben unberücksichtigt und auch die Zeichnung von Kriegsanleihen, ansonsten wurde jede Mark Hinzuverdienst angerechnet, im Zweifelsfall fanden Hausbesuche statt. Nicht ausgeschlossen bei der Beurteilung blieben der Lebenswandel und die Moral der Antragstellerin. Unbegründete Verweigerung der Annahme einer Arbeit konnte ein Ablehnungsgrund sein.

Bis Ende März 1915 kamen in Hamburg rund 55.000 Frauen und Familien von Kriegsteilnehmern in den Vorteil und konnten rund 3 Millionen Mark beanspruchen. Schon bis Oktober 1915 stieg die Zahl der Empfänger auf 89.000.[10]

Das preußische Altona bewilligte bis Ende 1915 an 12.378 Kriegerfrauen staatliche und städtische Hilfen:

Alleinstehende Ehefrauen: 3.288
Ehefrauen mit 1 Kind: 3.469
Ehefrauen 2 Kindern: 2.693
Ehefrauen 3 Kindern: 1.532

Ehefrauen 4 Kindern:	834
Ehefrauen 5 Kindern:	330
Ehefrauen 6 Kindern:	142
Ehefrauen 7 Kindern:	64
Ehefrauen 8 Kindern:	18
Ehefrauen 9 Kindern:	3
Ehefrauen 10 Kindern:	5

Unter den insgesamt 17.240 Anträgen waren 11.488, wo die Menschen vollkommen auf die Familienunterstützung angewiesen waren.

In den anderen 5.752 Anträgen existierten kleine Einkommen bzw. geringe Nebenverdienste, die zur Kürzung der Auszahlung führten. Sie bestanden 1.740 Mal in Arbeitgeberunterstützung, 1.686 Mal durch eigenem Lohn, in 516 Fällen aus Geschäftseinnahmen (Handwerkerfrauen), in 476 Fällen in Einnahmen aus Zimmervermietungen, in 429 Fällen in Zinsen, Renten und Pensionen, in 360 Fällen durch Unterstützung von Verwandten und 198 Mal in sonstigen Einnahmen.

Die Höhe der monatlichen Miete, die die unterstützten Personen am Tage ihrer Antragstellung zahlten, betrug in 153 Fällen unter 10 Mark, in 1.942 Fällen zwischen 10 und 20 Mark, in 5.977 Fällen zwischen 20 und 30 Mark, in 4.636 Fällen über 30 Mark.[11]

In Hamburg bearbeiteten und entschieden 18 Unterstützungskommissionen die Anträge, besetzt mit 3 jeweils vom Senat bestimmten Mitgliedern aus der gewählten Bürgerschaft.

Keine Kommune im Kaiserreich war in der Lage die finanziellen Mittel selbst zu erwirtschaften, auch Hamburg und Altona mussten für die Vorauszahlungen der Reichsfamilienunterstützung und für die eigene kommunale Aufstockung bei den Banken hohe Kredite aufnehmen. Das Reich verpflichtete sich zur Rückerstattung, was aber sehr stockend erfolgte.

Bis Ende Dezember 1914 bewilligten Senat und Bürgerschaft für „zusätzliche Kriegsaufwendungen" 15.000.000 Mark (Sitzungen vom 4./6. August, vom 11./16. September und vom 9./11. November 1914). Auf der Sitzung der Bürgerschaft am 21. November 1915 wurden weitere 10 Millionen Mark und auf der folgenden am 12. Januar 1916 wiederum 10 Millionen Mark genehmigt, ebenso am 23. Februar und am 5. April 1916, insgesamt seit Beginn des Krieges bis Ende 1916 106 Millionen Mark. Bis Januar 1918 steigerte sich die Summe auf 315 Millionen, bis zum Kriegsende November 1918 auf 455 Millionen Mark.

So ist es nicht verwunderlich, dass schon die revidierte Staatshaushaltsrechnung für 1915 mit einem Minus von rund 97 Millionen zu Buche stand.

Zu allen aktuellen Veränderungen in der sozialen Gesetzgebung las man regelmäßig in den Hamburger Zeitungen und sie informierten die „niederen Stände der Stadt". Die Frauen mussten sehr aufmerksam sein, wenn sie diese Zuwendungen erhalten wollten. Anträge mussten fristgerecht immer wieder erneuert und begründet werden.

Gleichzeitig entfaltete sich eine allgemeine Kriegswohlfahrt.

Zur Bündelung aller „wohltätigen Kräfte" entstand in Hamburg mit dem 2. August 1914 eine zentrale „Kriegshilfe" unter Leitung von Senator August Lattmann, und unter Mitwirkung Hunderter freiwilliger Helfer. Ebenso in Bergedorf. Die städtische Gesellschaft rückte in diesen Tagen und Jahren zweifellos zusammen.

> „Zur Linderung der durch den Krieg hervorgerufenen Not, insbesondere in den Familien, deren Ernährer dem Rufe des Vaterlandes hat folgen müssen, und für des Vaterlandes Ehre und Freiheit dem Feinde gegenübersteht, hat sich aus allen Kreisen der Bevölkerung unter dem Ehrenvorsitz der Bürgermeister und des Vorstandes der Bürgerschaft die Hamburgische Kriegshilfe gebildet. Es sind bis jetzt 22 Bezirke, die Zentrale ist: Hamburgische Gesellschaft für Wohltätigkeit, ABC Straße 47."[12]

Die „Hamburgische Kriegshilfe" vereinigte alle wohltätigen und sozialen Organisationen Hamburgs, den Zentralverband der Bürgervereine, das Rote Kreuz, die 62 Frauenverbände (Allgemeinder deutscher Frauenbund, Vaterländischer Frauenhilfsverein, deutsch evangelischer Frauenverein u.a.) sowie auch die Gewerkschaften, und setzte sich in 27 Bezirken, nach dem Muster der Armenpflegeverwaltung, für alle Bedürftigen und zur Linderung von Kriegsnotsituationen ein. Gleichfalls für die Soldaten, die gesund in den Krieg zogen und vorzeitig als Krüppel oder Nervenkranke heimkehrten. Beispielsweise versorgte sie 1917 1.066 Kriegsbeschädigte mit Arbeitskleidung, damit sie notwendige Rehabilitationsmaßnahmen, eine Berufsausbildung oder Umschulung in Fachwerkstätten usw. aufnehmen konnten. Weiterhin bemühte sich die

HK um Arbeitsgelegenheiten und Lehrstellen für Jugendliche. Sie rief die Massenspeisungen (Kriegsküchen) ins Leben, in der Bedürftige ein Mittagessen für 20 Pfennig und sonstige für 40 Pfennig erhielten.

> Kriegsspenden. Die Beamten der Deutschen Bank, Filiale Hamburg, haben seit Beginn des Krieges bis Ende Januar 1915 aus der unter ihnen veranstalteten Sammlung dem Roten Kreuz den Betrag von Mark 1.200 und der Hamburger Kriegshilfe 8.270 Mark überwiesen.[13]

> Die Hamburgische Lehrerschaft hat als ersten Monatsbeitrag für die Kriegshilfe 70.000 Mark gezeichnet; fast 30 Listen stehen noch aus. Bleibt die Zahl der im Felde stehenden Lehrer unberücksichtigt, so haben Volksschullehrer und Volksschullehrerinnen über 10 % ihres Gehaltes geopfert.[14]

Unumstritten waren die Verdienste der „Hamburgischen Kriegshilfe" und des Roten Kreuzes. Die HK nahm Spenden von den Bürgern bis April 1916 in Höhe von 8 Millionen Mark entgegen, beim Roten Kreuz waren mehr als 4 Millionen Mark zusammen gekommen. Die Nagelung des „Eisernen Michels" ab 2. August 1915 am Jungfernstieg, mitten vor dem Alsterbecken, brachte 178.720 Mark ein.

Aber dann gab es auch noch die „verschämte Armut", die Frauen wie Männer gleichermaßen betraf. Menschen, die sich schämten, ihre soziale Situation öffentlich zu machen oder gar die Armenpflege anzunehmen.

Das „Hamburger Brockenhaus e. V.", eine bewährte caritative Einrichtung, erhielt innerhalb kurzer Zeit 6.400 Unterstützungsanträge von Arbeitslosen und indirekt durch den Krieg Betroffenen, darunter Künstler, Ingenieure, Architekten, selbstständige Geschäftsleute, Arbeiter und Arbeiterinnen, allein stehende Damen usw. Aus Mangel an Geldern konnte etwa nur der dritte Teil berücksichtigt werden, in den meisten Fällen musste sich die Bewilligung auf Familien mit mindestens 4 Kindern beschränken.[15]

Nach einem Jahr kam es zu unüberbrückbaren Schwierigkeiten zwischen den Frauenvereinen und der HK. Männer leiteten durchweg die Kriegshilfebezirke. Ehrwürdige (alte) Herren entschieden über das Schicksal der Antragstellerin, ob eine Mutter mit 3 Kindern die Arbeit zu Recht oder Unrecht ablehnte, darüber, wie sie die Kinder erzog usw. Sie urteilten über Hauswirtschaft, Kinderpflege. In einem einwohnerstarken Arbeiterbezirk wirkte im Bewilligungsausschuss unter 24 Personen keine Frau. Die aristokratisch, männlich geprägte Gesellschaft ließ eine Führungsrolle der modernen Frauenorganisationen für die soziale Frauenarbeit nicht zu. Sie konnten mitwirken, sollten sich einreihen, übernahmen Teilaufgaben. Im geschäftsführenden Ausschuss mit 18 Mitgliedern erhielten lediglich 4 Frauen Sitz und Stimme.

In Hamburg konnte auch der 1914 entstandene Nationale Frauendienst nicht Fuß fassen, im benachbarten Harburg und in Braunschweig, Hannover sowie Lübeck schon. An 1. Dezember 1915 schieden die Frauenverbände in der gegebenen Konstitution aus der Hamburgische

Kriegshilfe aus und 63 Vereine bildeten ihrerseits den „Stadtbund hamburgischer Frauenvereine."[16]

Tausendmal schritten die hanseatischen Frauen zur Selbsthilfe, legten selbst Hand an, wo es ging. Ohne Standesdünkel organisierten, halfen und unterstützten sie sich in den verschiedenen Vereinen. Auch religiöse Schranken wurden überwunden. Jede Interessentin oder Hilfesuchende war willkommen. Überwiegend stammten die Damen aus dem Bürgertum und viele lernten zum ersten Mal Arbeiterfrauen kennen wie umgekehrt. Verschiedene Lebenswelten näherten sich an. So organisierten und regelten sie miteinander den Kriegsalltag, dabei wurden Fähigkeiten freigesetzt, sie setzten ihre Rechte bei den Ämtern durch, verstärkten die Klein-Kinderbetreuung, führten eine medizinische Versorgung von Wöchnerinnen und Säuglingen ein und es gab Bildungsveranstaltungen zu allen Problemen der Zeit, zur Haushaltsführung, Kochkurse usw.

Der Stadtbund schuf zum regulären einen 2. Arbeitsmarkt, auf dem zeitweise bis zu 8000 Hamburgerinnen Beschäftigung mit angemessenem Lohn fanden. Zumeist handelte es sich um Frauen, die noch nie in einem Arbeitsprozess standen. Im Besonderen wurden ihre handwerklichen Fähigkeiten bei der Herstellung von dringend benötigter Soldatenbekleidung sowie für die Lazarette genutzt und auch in Lehrgängen ausgebildet. Die Hamburgische Kriegshilfe förderte die Initiativen mit der Einrichtung von Näh- und Strickstuben. Wo die Werkstätten nicht ausreichten, wurde Heimarbeit organisiert. Getragene Kleidung aus der „Reichswollsammlung" wurde gereinigt, getrennt, geflickt, gebügelt oder neu verarbeitet, zu brauchbaren Röcken, Kleidern, Anzügen oder Mäntel nfür Bedürftige. Weder das gewerbliche Schneiderhandwerk noch die industrielle Bekleidungsproduktion hätten den Frontbedarf mit Uniformen, Hemden, Unterhemden, Unterhosen, Handschuhen allein bewältigen können ohne die vielen fleißigen Frauenhände. Im 1. Halbjahr 1915 nähten im „Alten Klöpperhaus“ am Rödingsmarkt 200 Frauen mit 140 Nähmaschinen 54.000 Militärhemden und 40.000 Zeltbahnen.

Und überhaupt, ohne die laufenden Spenden aus den privaten Kleider- und Küchenschränken, aus Vorratskellern und Bücherregalen sowie aus den vielen Sammlungen für „Liebesgaben“ an die Kriegsfront, später auch an die Kriegsgefangenen in Frankreich, England und Russland durch Vermittlung des Roten Kreuzes, hätten die Soldaten das karge Leben in den Schützengräben vielleicht nicht durchgehalten.

Frauenrechtlerin Ida Dehmel (1870-1942), Ehefrau des berühmten Lyrikers und Kriegsfreilligen Richard Dehmel, hatte 1906 den Hamburger Frauenklub am Neuen Jungfernstieg gegründet und organisierte im Krieg gemeinsam mit 500-600 Mitstreiterinnen geistige Nahrung für die Soldaten: Sie fertigten aus Zeitschriften- und Zeitungsausschnitten Feldzeitungen für die Front. Bis Mitte 1915 sind 16.000 „Klebehefte“ verschickt worden.

Die hamburgische Jugendgruppe des Allgemeinen Deutschen Frauenvereins versendete 10.000 Bücher und Zeitschriften und 2500 Bilder.

Frauen auf dem Arbeitsmarkt

Nach der Berufszählung von 1907 verzeichnete die Freie und Hansestadt auf 905.000 Einwohner 366.316 Erwerbstätige[17] (Selbstständige, Angestellte, Arbeiter, wechselnde Lohnarbeiter und Dienstboten), der Staat 416.891 Verdiener (von 100 Einwohnern standen 46,15 in bezahlter Arbeit). Davon waren 111.556 weiblich. Der Frauenanteil betrug knapp 30 Prozent.

Als Betriebsgrößen dominierten bis 1914 selbst in der Industrie und im Baugewerbe zu 70 Prozent Alleinunternehmen und Kleinbetriebe mit 1-10 Beschäftigten sowie ein Mittelstand; Großbetriebe mit 200-1000 Beschäftigten bildeten Ausnahmen (0,16 Prozent aller gewerblichen Niederlassungen).

Kapitalkräftige Aktiengesellschaften agierten zu zwei Dritteln für den Import und Export.

Bis zur Volks-, Berufs- und Betriebszählung am 16. Juni 1925 stieg die Beschäftigungsziffer im Staatsgebiet auf 586.407 an, von 100 Einwohnern verdienten 50,88 Personen. Davon 179.658 Frauen und erneut mit knapp 30 % Anteil.[18]

Im Resultat stagnierte zwischen 1907 und 1925 die Frauenquote in der hamburgischen Arbeitswelt oder hielt sich auf dem gleichen Niveau. Verfolgt man die Statistik noch weiter zurück auf das Jahr 1895, als der Frauenanteil 25 % betrug, so stehen 30 konstante Jahre zu Buche oder kein Fortschritt, keine Emanzipation der berufstätigen Frau. Aber zwischendurch, 1915-18, zeigte die Kurve nach oben, um danach, als die Männer aus dem Krieg nach Hause kamen, rapide abzufallen.

Von 1914 bis 1918 stellte sich der Arbeitsmarkt neu auf. Arbeitsplätze gingen massenhaft durch Produktionsbeschränkungen oder -einstellungen verloren, neue entstanden durch den Bedarf an Munition, Militärbekleidung oder Lebensmittelversorgung für die Front. Dabei kam es primär zu einer Verschiebung der Erwerbszweige, weniger Konsumgütererzeugung und mehr Kriegsproduktion.

Zwar wucherte die Zahl der Firmenkonkurse wegen Zahlungsunfähigkeit 1914-18 dank eines Kriegsgesetzes (Bundesratsverordnung vom 8. August 1914) nicht aus, da mit „gerichtlicher Beaufsichtigung" das Insolvenzverfahren abgewendet konnte, wenn nach Kriegsende die Behebung der Illiquidität in Aussicht stand; doch reduzierten sich oft die Firmengrößen, Unternehmen kochten auf kleinerer Flamme.

Viele Menschen suchten in einer unternehmerischen Tätigkeit die Flucht nach vorne, vermutlich im Solo-Betrieb. Nach den Recherchen der „Börsen-Halle" vom 27. November 1914 erfasste die Altonaer Gewerbekammer in den Monaten Januar bis Oktober 1914 6.695 Anmeldungen, davon 2.852 von hamburgischen Staatsangehörigen, gegen 7.825 (3308) im gleichen Zeitraum 1913.

Allein im Oktober 1914 meldeten sich 457 Unternehmen an, davon 215 aus dem Staatsgebiet Hamburg, gegen 890 (362) im Vorjahr. Die größten Zahlen lagen von Druckschriftenhändlern (60), Kaufleuten (51), Frucht- und Gemüsehändlern (49), Schankwirten (40), Backwarenhändlern (20), Zigarrenhändlern (19) und Schneiderinnen (10) vor. Für 1916 wurden 3773 Gewerbe und 1917 3320 Unternehmen beantragt.

Hamburg das „Tor zur Welt." Welthandel, Schifffahrt und Schiffbau dominierten das Wirtschaftsleben. Im Reichsvergleich waren Handel und Verkehr (mit Seefahrt) überdurchschnittlich entwickelt, andere Wirtschaftsbereiche blieben darunter. Durch den Krieg wurde die Wirtschaft wie in keiner anderen deutschen Großstadt geschädigt, die britische Seeblockade, die erst Mitte 1919 endete, traf den Lebensnerv.

Hamburg bot zum Schiffbau keine weiteren bedeutenden Großbetriebe und Branchen für die Umstellung auf Rüstungsproduktion, dass die Schornsteine rauchten.[19]

Die Rüstungskonjunktur konzentrierte sich auf den Schiffbau. In den beiden großen Werften, Vulkan-Werke und Blohm & Voss, stieg von 1914 bis 1918 durch Kriegsaufträge, besonders im U-Boot-Bau, die Zahl der Arbeitskräfte um 8510. Weniger beteiligen am Wirtschaftsboom konnte sich die Reiherstieg-Schiffswerft.

Die Vulkan-Werke lieferten 1916 28 U-Boote und Ersatz für das Linienschiff „Kaiser Wilhelm II." zum Frühjahr 1917 und den großen Kreuzer „York" zum 1. Quartal 1918.

Blohm & Voss bauten 38 U-Boote 1916 und waren beauftragt mit dem Ersatzbau für den Großen Kreuzers „Victoria-Luise" (Fertigstellung Sommer 1917) und den Kleinen Kreuzern „Freya" und „Scharnhorst" (für Winter 17/18 oder Herbst 1918). Für die HAPAG befand sich mit der „Bismarck" mit 56.551 BRT das größte Schiff der Welt im Bau.

Dazu kamen Reparaturarbeiten an beschädigten Kriegsschiffen, die von den Kaiserlichen Werften in Wilhelmshaven, Kiel oder Danzig wegen Überlastung nicht ausgeführt werden konnten.[20]

Volle Auftragsbücher, aber die Werftarbeit verlangte qualifizierte Facharbeiter wie Kupferschmiede, Dreher, Monteure, Schlosser, Autogenschweißer, Stemmer, Bohrer, Nieter und war bei einem 10-Stunden Arbeitstag körperlich schwer. Blohm & Voss beschäftigte 1917 durchschnittlich 990 weibliche Arbeitskräfte, bei Vulkan waren im Januar 1916 256 Arbeiterinnen tätig.[21]

Andererseits bedeuteten für die Großwerften gefüllte Auftragsbücher keine Garantie auf unternehmerische Erfolge. Der Schiffbau forderte hohe Personalkosten in der Verwaltung (Projektanten, Ingenieure, Techniker) und war äußerst materialintensiv auf Vorschuss. Angesammelte finanzielle Reserven wurden angegriffen und Abschreibungen auf ein Mindestmaß begrenzt. Die Vulkan-Werft blieb eine der wenigen hamburgischen Aktiengesellschaften, die eine Erhöhung der Dividende für 1917 nicht vornehmen konnte. Sparpotenziale lagen in der Arbeiterschaft (Lohn) sowie in der Anwendung von Zeitarbeit, befristeten Arbeitsverträgen usw. Auch das war ein Handycap für unausgebildete Arbeiterinnen. Weibliche und dazu körperlich robuste Arbeitskräfte kamen für einfache, anlernbare Tätigkeiten infrage wie beim autogenen Schweißen oder für Lager- und Transportarbeiten.

Viele hamburgische Betriebe in unterschiedlichen Branchen kämpften mit personellen Engpässen. Aber wie konnten sich Frauen in Arbeit bringen? Wo lagen Chancen auf dem öffentlich Arbeitsmarkt? Vor 1914 arbeiten in Hamburg unabhängig voneinander etwa 40 Arbeitsnachweise für Frauen, nach 1915 erfolgte ein Zusammenschluss der Kräfte, woran der „Stadtbund der Frauenvereine" großen Anteil nahm.

> „Wo Männer fehlen, sprang die deutsche Frau in die Bresche. Die werktätige Frau ist ein längst gewohnt gewordenes Bild dieser Kriegszeit. Das Straßenbild beleben Brief- und Telegrammbestellerinnen, man sieht Geschäftsbotinnen zu Rad und zu Fuß, Straßenbahnschaffnerinnen, Fensterputzerinnen und Straßenreinigerinnen, um nur einige schon an der Kleidung erkennbare Berufe zu nennen. Im Kaufmannsstande findet man die Frau als Leiterin und Angestellte. Bei uns haben sich die Frauen sowohl den Platz am Schalter als den Abfertigungs- und Entkartungsdienst erobert und thronen auch auf dem Bock des beliebten gelben Wagens.
> Bei der Eisenbahn findet man Frauen an der Fahrkartenausgabe wie an den Bahnsteigsperren, auf dem Bahnsteig als Türschließerin, in den Zügen als Zugbegleiter, Heizer und Bremser und im freien Felde als Streckenarbeiter. So trägt auch die deutsche Frauenwelt zu ihrem Teile zum siegreichen Durchhalten bei."[22]

Neue Frauenberufe als Folge des Krieges.

Weiblicher Chauffeur. Weiblicher Droschkenkutscher.
Weiblicher Schornsteinfeger. Weiblicher Bahnsteigschaffner.
Nach Photographien von Alice Matzdorf und P. Wagner.

Frauen beim Zwiebelschneiden

Frauenarbeit in einer Militärkonservenfabrik

Wie vor dem Krieg blieben nach 1914 mehr oder weniger frauentypische Tätigkeiten (aber reduziert) erhalten, hauptsächlich im Handel, im Gaststätten- und Schankwesen, bei häuslichen Dienstleistungen sowie im Handwerk (Modistin, Friseuse, Schneiderin, Knopfmacherin, Weißnäherin, Dampfwäscherei) oder auch als Telefonistin bei der Reichspost.

Der hamburgische Handel beschäftigte tausende Arbeitskräfte (1902 69.206 Personen, 1907 124.354, 1925 157.253 Beschäftigte) und war mit Abstand der größte Arbeitgeber. Deutschlandweit hatten bis 1918 etwa 600.000 kaufmännische Angestellte den Arbeitsplatz für den Krieg verlassen müssen.

Die kaufmännische Tätigkeit war eine typische Männerdomäne, erforderte mittleren Schulabschluss, Berufsausbildung und „Kaufmannsgeist". In größeren und spezialisierten Unternehmen arbeiteten neben den geschulten Verkäufern, den Herren im Anzug und Stehkragen; im Hintergrund Buchhalter, Lageristen, Korrespondenten, Expedienten, Reisende, Stenographen. Einstellungen erfolgten auch im Krieg hauptsächlich über die Vertretungsorganisationen, in Hamburg durch den „Verein für Handlungs-Commis von 1856" und seiner Stellenvermittung. Im Schnitt wurden mehr Stellen ausgeschrieben, als besetzt werden konnten. Für (unqualifizierte) Frauen war es dennoch nicht leicht Ersatz anzubieten und wenn doch, dann auf Zeit. Tatsächlich brachten die kriegsspezifischen Tätigkeiten und Veränderungen den Frauen keineswegs nur Zustimmung und Anerkennung:

> „Dazu kommt noch die Gefahr der Frauenarbeit, die im Handel bedeutend größer ist als in anderen Berufen. Im Handel gibt es nämlich neben der eigentlichen großzügigen Kaufmannsarbeit eine große Menge rein mechanischer Arbeit, die von den Frauen sehr begehrt wird, um die sich aber auch die Kriegsverletzten bewerben. Die Frauen aber, die jetzt schon im Handel tätig sind, werden diese Stellen um keinen Preis aufgeben wollen, zumal sie ja nach Friedensschluss sowieso von all den Stellen weichen müssen, die von den aus dem Felde heimkehrenden Berufsgenossen mit Recht wieder beansprucht werden. Die notwendige Folge ist, dass um alle leichtere Stellen, die schon jetzt schlecht bezahlt werden, ein ungeheurer Wettbewerb einsetzen wird, der die Bezahlung so weit runter drücken muss, dass ein männlicher Angestellter, selbst wenn er noch Rente bezieht, auch bei bescheidenen Ansprüchen nicht leben kann.“[23]

In der traditionellen Bekleidungsbranche, in dem schon 1903 nach dem Bericht der hamburgischen Handelskammer 27.067 Personen arbeiteten, ließ die zunehmende Materialknappheit an Stoffen, Nähgarn und Leder das Gewerbe nahezu ausbluten. Ein Weiteres tat die „männliche“ Kriegspropaganda hinzu, die den Frauen eine neue deutsche schlichte Mode mit wenig Stoffverbrauch empfahl und letztlich auch die Trauerkleidung abschaffen wollte. Die Aufträge blieben aus für die kleinen Werkstätten und eine besondere Gruppe von Hamburgs Schneiderinnen konnte nicht mehr „auf die Stör" gehen, d. h. ohne eigene Werkstatt beim Kunden arbeiten.

In anderen (männlichen) Handwerksbetrieben hielten die Meister-Ehefrauen den Betrieb so gut wie möglich aufrecht, ja wenn die Schlosserei, Sattlerei oder Glaserei noch Gesellen und Material hatten, um die Bestellungen auszuführen.

Sehr problematisch entwickelte sich der für Mädchen und Frauen klassische Sektor wechselnder häuslicher Lohnarbeit und Dienstbotentätigkeit, zumeist in bürgerlichen Haushalten. Lehrer, Pastoren, Beamte und Offiziere der Garnisonen kämpften an der Front und ihre Familien verzichten aus wirtschaftlicher Vernunft auf die Haltung von Hausangestellten, von Dienstmädchen, Köchinnen, Kindererzieherinnen oder auf die Bezahlung von Waschfrauen, gaben selbst gewohnte Traditionen auf.

> „Der Frau fällt beim Sparen die Hauptrolle zu. In der Wirtschaft läßt sich am meisten sparen. Ein Zimmer weniger macht pro Jahr 150 Mark. Kann die Frau es nun über sich bringen, auch das Dienstmädchen zu sparen, so spart sie damit mindestens 600 Mark jährlich."[24]

Die entlassenen Hausmädchen hatten es schwer eine neue Anstellung zu finden.

Besonders hart betroffen wurde die Generation unter 20 Jahren. Die Erwerbstätigkeit der jungen Mädchen war etwa um 20 Prozent höher als bei Frauen zwischen 20 und 65 Jahren. Sie waren zwar überwiegend ledig und ohne Kinder, verloren aber mit dem Job zugleich alle Vorzüge im „Haus der Herrschaft", Unterkunft, freie Verpflegung, Krankenversicherung, Fürsorge usw. Viele Dienstmädchen verließen die Großstadt und zogen aufs Land, dahin, wo sie herkamen.

Tätigkeiten im öffentlichen Dienst als Angestellte aufzunehmen, schienen selbst für Frauen aus höheren sozialen Schichten aussichtslos zu sein. Schon vor dem Krieg wies der Arbeitsbereich nur 668 Hamburgerinnen aus, die in der Stadtverwaltung, in der Staatsverwaltung und im benachbarten Altona beschäftigt waren (gegen 10.495 Männer). Günstiger standen die Chancen für Arbeiterinnen. Hier arbeiteten 3.310 Frauen und 4.939 Männer.[25]

Und wenn Stellen von eingezogenen Kriegsteilnehmern in den kommunalen Ämtern oder in den Büros von Betrieben frei wurden, dann handelte es sich meist um qualifizierte Stellen. Der Arbeitsaufwand stieg in der Kriegszeit in Übermaßen, sodass die Verwaltungen permanent überfordert waren. Beispielsweise bei den Versicherungen, die im Verhältnis von Angestellten zu Arbeitern mit Prozent mit 76,51 die meisten Angestellten beschäftigten. Waren beim Hamburger Versicherungsamt 1913 in der Invaliden- und Hinterbliebenenversicherung 2940 Anträge zu bearbeiten, so belief sich die Anzahl im Jahr 1917 auf 11.254.[26]

Auch als sich im 3. Kriegsjahr der staatliche Verwaltungsapparat durch den „Kriegssozialismus" stark aufblähte und Fachkräfte in der Nahrungsmittelorganisation und -verteilung dringend gebraucht wurden, gelang es weiblichen Arbeitssuchenden tendenziell zu wenig Stellen besetzen. Sie scheiterten immer wieder an der fachlichen Eignung: Tausende besaßen weder einen Berufsabschluss, ein Studium noch Berufserfahrung. Da half auch 1916 kein „vaterländisches Hilfsdienstgesetz".[27]

So überwog auf dem Arbeitsmarkt während der Kriegsjahre die Stellensuche. Für 1918 registrierten die öffentlichen allgemeinen Arbeitsnachweise in Altona 32.114 Arbeitsgesuche auf 27.124 gemeldete freie Stellen, aber nur 20.446 Arbeitsplätze konnten besetzt werden.[28]

Nach Angaben von 37 hamburgischen (reichsgesetzlichen) Krankenversicherungen bewegte sich der hamburgische Arbeitsmarkt als Folge des Kriegs noch im Jahr 1920 auf dem Niveau von 1907-1910. Sie zählten insgesamt 379.000 Kassenmitglieder, auf 100 Einwohner 36 Versicherte.[29]

Ehen

Krieg und Not machten das Heiraten wieder modern. Die Heiratsziffer sank seit den 70-Ger Jahren des 19. Jahrhunderts, mit Ausnahmen der Jahrfünfte 1886-90 und 1906-10. Von 1916 bis 1920 stieg sie mit 9,29 Eheschließungen auf 1000 Einwohner merklich an.[30]

Im Monat August 1914 waren die Standesbeamten und Pastoren mit täglich über 90 Eheschließungen gefordert. (Im Durchschnitt der Jahre 1909-13 heirateten 20 Paare im August). Auf den 33 Standesämtern der Stadt herrschte zeitweise großer Andrang, bis Ende 1914 auch an den Sonntagen. Einberufene erschienen mit ihrer Braut vor dem Altar, um die „Notheirat" (ohne Aufgebot) zu vollziehen. Im Jahr 1914 heirateten im hamburgischen Staat 10.952 Paare (Erst-Ehen 8771), damit wurden 1.590 Bündnisse mehr geschlossen als 1913. In den Jahren 1916-17 ragte der Dezember als Heiratsmonat heraus. Der Fronturlaub der Soldaten diente der Familiengründung. Junge Frauen wurden schnell zu Kriegerfrauen.

Auch in der weiteren Kriegszeit fehlte es nicht am Willen sich fest zu binden.[31] Im Verlauf des Jahres 1916 stieg die Heiratsziffer bei Männern zwischen 18-20 insbesondere durch die Einberufung der jungen Jahrgänge, während gleichzeitig sich das Durchschnittsalter der Frauen von 25 auf 27 Jahre zu erhöhen begann. Eine weitere Zunahme des Heiratsalters beim männlichen Geschlecht trat zwischen 35 und 40 auf. Die weiblichen Jahrgänge heirateten überwiegend von 25 und 28 Jahren.

Hinzu kam eine weitere Erscheinung. Ab 1916/17 flaute der Heiratswille (Erst-Ehe) bei Männern wie bei Frauen ab, dagegen heirateten Geschiedene und Verwitwete mehr. 1918 verehelichten sich aus dem Staatsgebiet 1141 verwitwete oder geschiedene Frauen erneut, davon 730 nach Auflösung der Ehe durch Tod.[32] 331 Wiederverheiratungen erfolgten nach einer Wartezeit von 10 Monaten bis 3 Jahren. Eine Folge von „nachlassender Moral"? und des Kriegsverlusts an Menschenleben.

Die Mehrzahl der Kriegstrauungen und schnellen Vermählungen begannen gewiss als Liebesheirat. Jedoch fehlten zum ganzen Glück das häusliche Fundament, gemeinschaftliches Wirtschaften, eben eine gewisse Zukunft. Die jungen Gattinnen blieben weiterhin bei ihren Eltern wohnen, eigene Wohnungen beziehen und Hausstände gründen konnten die Gemeinschaften selten. In einigen Familien fehlte auch der Nachwuchs.

Die Zahl der Geburten ging, wie schon seit 1910, im Weltkrieg noch einmal zurück. In der Stadt Hamburg kamen zur Welt (ohne Totgeburten):

1914	22.131 Kinder	(davon unehelich 3121)
1915	16.849	(unehelich 2387)
1916	11.601	(unehelich 1592)
1917	9.571	(unehelich 1191)
1918	10.040	(unehelich 1289)[33]

Den absoluten Spitzenwert hielt der Monat März 1915, da erblickten die Kinder des „Augusterlebnisses“ das Licht der Welt.

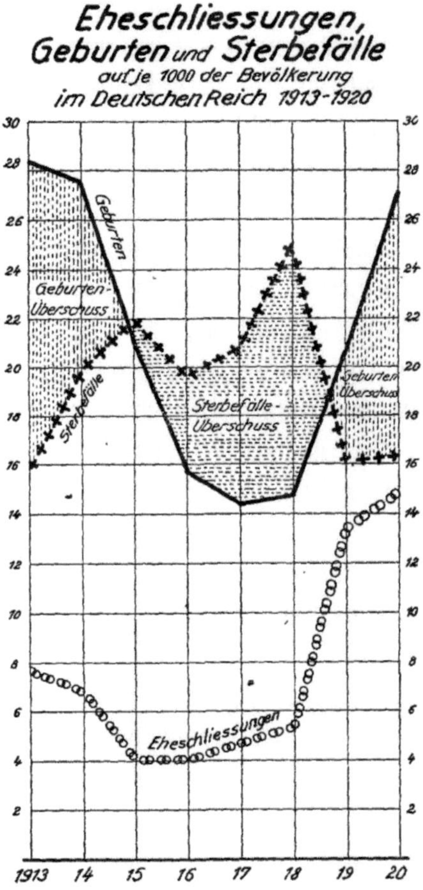
Eheschliessungen, Geburten und Sterbefälle
auf je 1000 der Bevölkerung
im Deutschen Reich 1913-1920
30
28
26
24
22
20
18
16
14
12
10
8
6
4
2
Geburten
Geburten-Überschuss
Sterbefälle
Sterbefälle-Überschuss
Geburten-Überschuss
Eheschliessungen
1913
14
15
16
17
18
19
20

Durch den Kriegsdienst der Männer sank allgemein die Scheidungsrate 1914-17, erst am Ende des Kriegs folgte ein leichter Anstieg. 1913 ließen sich 1004 hamburgische Paare scheiden, 1918 vollzogen 680 Ehepaare die Trennung. Galten 1914 die hamburgischen Männer als „Ehebrecher", so verlagerte sich die Schuld ab 1916 mehr auf die Seite der Partnerinnen. 1918 wurden fast doppelt so viele Frauen wie Männer (222:118) von den Richtern für schuldig gesprochen.

Auf die Kriegstrauungen und gewiss schnellen Eheschließungen entstand eine Neidperspektive. Böse Zungen gönnten diesen Ehefrauen den Genuss von staatlichen Unterstützungen für Kriegerfrauen nicht.

Die Nachkriegszeit bestätigte, dass dieses Glück tatsächlich auf wackligen Füßen stand. 1913 kamen in Hamburg auf 100.000 Einwohner 93,4 Scheidungen, zehn Jahre später ließen sich 170,9 pro hunderttausend trennen, insgesamt 1807 Ehepartner, darunter 976 Mal durch Ehebruch. Besonders betroffen die 1 und unter 5 Jahren dauernden Ehen.

Dazwischen glänzte das Rekordjahr 1920. Nicht Berlin, sondern Hamburg stand mit 223,6 auf 100.000 der Bevölkerung (2876 Scheidungen) an der Spitze der deutschen Großstädte.

1921 ragten besonders die 5-10-jährigen Ehen heraus. Die häufigsten Trennungsgründe: Ehebruch, Verletzungen der ehelichen Pflichten, ehrloses Verhalten.[34]

Der Erste Weltkrieg war weltweit ein Feldzug gegen die Männer. Wie überall entstand auch unter der hamburgischen Bevölkerung ein Frauenüberschuss. Wesentlich handelte es sich um Frauen im heiratsfähigen Alter, während früher das Plus zum erheblichen Teil die älteren Jahrgänge ausmachten.

Nach der geheimen Volkszählung vom 5. Dezember 1917 überwog das weibliche Geschlecht mit 187.289 Personen (ortsanwesend). Nach dem Krieg betrug der Frauenüberschuss etwa 44.000. Schon rein rechnerisch konnten tausende Frauen keine Familien gründen. Sie mussten die Häuslichkeit verlassen und in die Erwerbstätigkeit eintreten.

Ausblick:

Die Volks-, Berufs- und Betriebszählung von 1925 errechnete für den Hamburger Staat 179.658 weibliche Erwerbstätige im Vergleich zu 1907 mit 111.556 und 83.804 zum Jahr 1895.[35]

Reichardt-Kakao Werk Wandsbeck Speisesaal

Anmerkungen:

1) Wildegg, Els: Mutters Bester, Gelsenkirchen 1915. S. 1.

2) Richter, Karl: Was braucht das deutsche Volk am nötigsten?: Eine brennende Frage der Gegenwart an Deutschlands Frauen... , Hamburg 1916. S. 4 ff.

3) Kuczynski, R. R. in: Wirtschaft und Statistik Jahrgang 1, 1921 Nr. 3. S. 134.

Der deutsche Ökonom und Demograph Robert René Kuczynski (geboren 12. August 1876 in Berlin; gestorben 25. November 1947 in Oxford) wird als einer der Väter der modernen Bevölkerungsstatistik betrachtet.

4) Hamburg galt vor dem Krieg als die reichste Stadt Deutschlands, repräsentierte sich als eine wirtschaftlich erfolgreiche Metropole. Doch reich und wohlhabend waren nur wenige der rund 1.103.152 Einwohner (Staatsgebiet). Nach der Steuerveranlagung von 1912 belief sich das versteuerte Einkommen auf 1.072.619.100 Mark und brachte einen Steuerbetrag von 52.6 Millionen. Auf die physischen Steuerzahler fielen etwa 44.8 Millionen Mark und die juristischen Personen entrichteten 7,8 Millionen.

Von den 280.888 physischen Personen, Einkommenssteuerzahler durch Verdienst aus Arbeit und Grundbesitz, hatten 270.123 ein Jahreseinkommen von 900 bis 10.900 Mark (Arbeiter, Angestellte, Handwerker, Kaufleute) und brachten zusammen 21,95 Prozent der Steuer auf, während die übrigen 10.714 mit einem Bezug von mehr als 10.000 Mark: wirtschaftlicher Mittelstand, höhere Beamte, Ärzte, Apotheker, Lehrer höherer Schulen, die restlichen 78,05 Prozent abdeckten.

Allein 51 Einzelpersonen versteuerten etwas über 50 Millionen Mark Verdienst und zahlten dafür rund 4,5 Millionen Mark Steuer, d. h. 10,56 Prozent des gesamten Steuerertrags.Vgl. Altonaer Nachrichten vom 19. Mai 1914.

5) Statistisches Jahrbuch für das Deutsche Reich – 1914. V. Gewerbe. S. 62-63.

6) Statistik des Hamburgischen Staates. Heft XXX. Hamburg 1919. S. 78-79.

7) Goetz, Adolf: Hamburgisches Kriegs-Tagebuch 1914. S. 53-54.

8) Landesarchiv Greifswald: Rep. 65 c, Regierung Stralsund, „Unterstützung hilfsbedürftiger Soldatenfamilien desgl.", Nr. 2858, Bl. 64.

9) Schwaben, Hans: Der Weltkrieg 1914. S. 60.

10) Hamburger Adressbuch 1915-18.

11) Deutsche Soldatenzeitung Nr. 47. 1916 S. 8.

12) Schwaben, Hans: Der Weltkrieg 1914, S. 14.

13) Nachrichtenblatt der Deutschen Bank Nr. 9 vom 5. Februar 1915.

14) Goetz, Adolf: Hamburgisches Kriegs-Tagebuch 1914. S. 74.

15) „Neue Hamburgische Börsen-Halle" vom 4. Oktober 1914.

16) Vgl. Bonfort, Helene; Sillem, Helene; Ebhardt, Melanie: Bericht über die in Hamburg während der Jahre 1914-15 von Frauen geleistete Kriegshilfe. Hamburg 1916.

17) Bis zur Volkszählung 1910 war die Beschäftigungsziffer der Hansestadt auf 440.715 Personen bei einer Wohnbevölkerung von 1.007.710 Einwohnern angestiegen.

18) Statistik des Hamburgischen Staates. Heft XXXIII. Die

Volks-, Berufs- und Betriebszählung vom 16. Juni 1925. 2. Teil: Die Berufszählung. Hamburg 1928. Purl: https://resolver.sub.uni-hamburg.de/kitodo/PPN719785790_0033 S. 15-16.

19) Für die Umstelllung auf Kriegsproduktion waren insbesondere die Eisen- und Stahlindustrie, die metallverabeitende Industrie, die Textilindustrie, die chemische Industrie und die Lebensmittelindustrie prädestiniert. Die Kommune Hamburg hatte diesbezüglich, außer im Schiffbau, eine schlechte Ausgangslage. Gummiwaren stellte die „New York Hamburger Gummi-Waaren Compagnie" her, 1871 als Aktiengesellschaft gegründet und ab 1873 in Barmbeck ansässig. Doch bereits 1915 musste die Herstellung für den zivilen Bereich weitgehend eingeschränkt werden, da der Rohstoff Kautschuk nicht mehr eingeführt werden konnte und folglich war der Stellenabbau nur eine Frage der Zeit.

Eine kriegsbedingte Aufwertung erfuhr die Affinerie von Kupfer, ohne den Rohstoff konnten keine Kleingeschosse erzeugt werden. Und der Munitionsbedarf stieg ständig. Weiterhin verlangte die Kriegssituation die beschleunigte Elektrifizierung der Betriebe, der Landwirtschaft und der Haushalte, da die Erdölzufuhr versiegte und nur die Elektrizität sich als Alternative anbot. Die Scheideanstalt wurde erweitert, erhielt vom Kriegsministerium satte Aufträge und arbeitete an den Grenzen der wirtschaftlichen Belastbarkeit.

Im Staatsgebiet profitierten aber die „Dynamitfabrik Krümmel" mit 2500 Beschäftigten bis zum Ende des Kriegs, die Pulverfabrik Düneberg oder die „Geesthachter Korbmacherei" von Kriegsaufträgen.

20) https://tsamo.germandocsinrussia.org/de: Akte Nr. 318 (1): Abschriften aus den KTBs deutscher U-Boote und Kriegsschiffe für den Zeitraum Mai bis August 1915 sowie verschiedener Marineeinheiten vor allem zu Seegefechten und Havarien, einschließlich entsprechender Kartenskizzen - hauptsächlich zu im Mittelmeer eingesetzten Schiffen und Verbänden. S. 214-217.
21) Ullrich, Volker: Der Januarstreik 1918 in Hamburg, Kiel und Bremen. Eine vergleichende Studie zur Geschichte der Streikbewegungen im Ersten Weltkrieg. In: Zeitschrift des Vereins für Hamburgische Geschichte Bd. 71. Neumünster 1985 S. 45 ff.
22) Hamburger Kriegsbrief: Weihnachtsgruß an unsere Feldgrauen. Herausgegeben vom Bezirksverein Hamburg des Verbandes mittlerer Reichs-, Post- und Telegraphen-Beamten. Hamburg 1916 S. 14.
23) Hamburgische Lazarett-Zeitung. Nr. 21 1917. S. 3.
24) Amberg, Berthold: Wie gründe ich mir eine gute Existenz während des Krieges und nach dem Kriege (Das Buch vom Geldverdienen). Dresden 1916. S. 116.
25) Statistik des Hamburgischen Staates - Heft 30. Wohnort und Arbeitsstätte der erwerbstätigen hamburgischen Wohnbevölkerung nach der Volkszählung vom 1. Dezember 1910. Hamburg 1919. Purl: https://resolver.sub.uni-hamburg.de/kitodo/PPN719785790_0030. S. 16.
26) Mummenthey, Irmgard: Zur Geschichte der Versicherungsbehörden in Hamburg. In: Zeitschrift des Vereins für Hamburgische Geschichte Bd. 83/1, Neumünster 1997. S. 434.
27) Das Gesetz über den vaterländischen Hilfsdienst im Rahmen des Hindenburg-Programms vom 6. Dezember

1916 sollte Reserven für den Krieg mobilisieren. Männer zwischen dem 17. und dem 60. Lebensjahr aus dem zivilen Leben, die nicht in einem agrarischen oder forstwirtschaftlichen Betrieb arbeiteten, wurden verpflichtet in der Rüstungsindustrie oder in einem kriegswichtigen Betrieb oder auch in der Volksversorgung zu arbeiten, um letzlich dort Soldaten für den Krieg freizusetzen. Das Gesetz war ein Kompromiss zwischen der OHL und dem Reich (Kriegsministerium). Betreffs der Frauen forderte OHL eine weibliche Dienstpflicht, was die Reichsregierung ablehnte, weil sie dadurch die traditionelle Rolle der Frau als Hausfrau und Mutter gefährdet sah. Stattdessen entschied sie sich, Fabrikpflegerinnen einzustellen und die öffentliche Kinderbetreuung zu forcieren.

28) Statistisches Jahrbuch für das Deutsche Reich. XVIII. Arbeitsmarkt. S. 306.

29) Wirtschaft und Statistik. Herausgegeben vom Statistischen Reichsamt. 2. Jahrgang, Nr. 22. S. 781.

30) Statistik des Hamburgischen Staates – Heft 31. Der natürliche Bevölkerungswechsel im Hamburgischen Staate in den Kriegsjahren 1914-1918. Hamburg 1921. Staats- und Universitätsbibliothek Hamburg. Purl: https://resolver.sub.uni-hamburg.de/kitodo/PPN719785790_0031. S. 1-6 u. 22.

31) 1920 schlossen 16.168 Paare den Bund fürs Leben. Auf 1000 Einwohner fielen 15,4 Trauungen und damit wurde der Friedenstand von 1913 von 8,7 weit übertroffen. Vgl. Wirtschaft und Statistik. Herausgegeben vom Statistischen Reichsamt. 1. Jahrgang, Nr. 6. S. 291-292.

32) Statistik des Hamburgischen Staates – Heft 31. Der natürliche Bevölkerungswechsel im Hamburgischen Staa-

te in den Kriegsjahren 1914-1918. Hamburg 1921. Staats- und Universitätsbibliothek Hamburg. Purl: https://resolver.sub.uni-hamburg.de/kitodo/PPN719785790_0031. S. 34.

33) ebenda S. 38-42.

1920 kamen 21.566 Lebendgeborene zur Welt. Auf 1000 Einwohner fielen 21,3 Geburten und damit wurde der Friedenstand von 1913 mit 22,5 fast wieder erreicht. Vgl. Wirtschaft und Statistik. Herausgegeben vom Statistischen Reichsamt. 1. Jahrgang, Nr. 6. S. 291-292.

34) ebenda S. 35-38.

35) Statistik des Hamburgischen Staates. Heft: XXXIII. Die Volks-, Berufs- und Betriebszählung vom 16. Juni 1925. 2. Teil: Die Berufszählung. Hamburg 1928. S. 16. Purl: https://resolver.sub.uni-hamburg.de/kitodo/PPN719785790_0033.

10 Anhang

Abbildungsverzeichnis

2 Gesetzblatt: Archiv Haff-Verlag.
3 Erinnerungskarte: Historische Postkarte, Archiv Haff-Verlag.
4 Titelblatt Buch „Wehrbeitrag", Staatsbibliothek Berlin.
5 Plakatwerbung: Historische Postkarte, Archiv Haff-Verlag.

04 Auf zum Militär
1 Altona Kaserne zur Zentenarfeier 1812-1912: Historische Postkarte, Archiv Haff-Verlag.
2 Turnstunde an der Front: Stettiner illustrierte Kriegs-Zeitung 1915. S.12.
3 Wettkämpfe in der Etappe: Anno dazumal in der Champagne. 1916. S. 45.
4 Gruß aus der Kaserne: Historische Postkarte, Archiv Haff-Verlag.
5 Humoristische Postkarte-Musterung: ebenda.
6 Humoristische Postkarte-Aushebung: ebenda.
7 Schießübung: ebenda.
8 Lockstedter Lager-Truppenübungsplatz des IX. Armeekorps: ebenda.
9 Infanterieregiment Hamburg ...: Ahrens, Otto: Mit dem Regiment "Hamburg" in Frankreich, 1914-1916. Kriegstagebuch. München 1929. S. 6, Tafel 1.

05 Drohender Kriegszustand:
1 Stapellauf 1912: Ausschnitt aus einer historischen Postkarte, Archiv Haff-Verlag.
2 Stapellauf 1912: ebenda.
3 Kaiserliche Hohenzollernjacht: Helmolt, F.: Der Weltkrieg in Bildern und Dokumenten. Folge 2. Leipzig 1915. S. 71.
4 Gartenbauausstellung: Annonce aus „Altonaer Nachrichten" vom 22. Juni 1914.
5 Erzherzog Franz Ferdinand und Gattin vor dem Rathaus in Sarajevo: Großer Bildatlas des Weltkriegs. Erster Band. München 1915, S. 1.
6 Nordseebad Cuxhaven: Historische Postkarte, Archiv Haff-Verlag.
7 Hamburg-Amerika-Linie: Annonce aus „Altonaer Nachrichten" vom 12. Juni 1914.
8 Sitz des Generalkommandos in Altona: Historische Postkarte

Archiv Haff-Verlag.
9 Kaiser-Wilhelm-Denkmal in Hamburg: ebenda.
10 Kundmachung: Großer Bildatlas des Weltkriegs. Erster Band. München 1915, S. 8.
11 General von Quast: Das IX. Armeekorps auf der Fahrt nach Westen: Das IX. Armeekorps im Felde. Eine Bilderreihe aus den Kampf- und Stellungsgebieten des Korps im Weltkriege 1914-16. S. 3.

06 Mobilmachung

1. Kaiser Wilhelm II.: Historische Postkarte Archiv Haff-Verlag.
2 Alter Jungfernstieg mit Alsterpavillon: ebenda.
3 Reichstagssitzung: Helmolt, F.: Der Weltkrieg in Bildern und Dokumenten. Folge 1. Leipzig 1914. S. 140.
4 Mobilmachung der Marine: Helmolt, F.: Der Weltkrieg in Bildern und Dokumenten. Folge 2. Leipzig 1915. S. 54.
5 Aufruf des Landsturms: Helmolt, F.: Der Weltkrieg in Bildern und Dokumenten. Folge 1 Leipzig 1914. S. 129.
7 Einkleidung der Reservisten: ebenda: S. 130.
8 Vermisst: Historische Postkarte, Archiv Haff-Verlag.
9 Begrüßung der "Helden" aus der Skagerrak-Schlacht 1915 vor dem Rathaus: Um Vaterland und Freiheit. Über 200 Wirklichkeitsaufnahmen aus dem Weltkrieg ...4. Band, Siegen und Leipzig 1917. S. 87.
10 Erbeutete englische Geschütze auf dem Hamburger Rathausmarkt 1915: Historische Postkarte Archiv Haff-Verlag.

07 Aufmarsch und Militärfahrplan

1 Abschied der Reservisten: Großer Bilderatlas des Weltkrieges. Erster Band. München 1915. S. 131.
2 Kommando der Marinestation der Nordsee: Ausschnitt aus Historische Postkarte, Archiv Haff-Verlag.
3 Verpflegung: ebenda.
4 Sprüche am Waggon: Ahnert, Kurt: Fröhliche Heerfahrt! 600 lustige Aufschriften an Eisenbahnwagen. Nürnberg 1914. S. 43.
5 Einweihung des Eisenbahner-Denkmals Berlin 1929: Historische Postkarte Archiv Haff-Verlag.
6 Am Hauptbahnhof Altona: ebenda.

7 Linienkarte 1914/15: ebenda.
8 IX. Armeekorps auf der Fahrt nach Westen: Das IX. Armeekorps im Felde. Eine Bilderreihe aus den Kampf- und Stellungsgebieten des Korps im Weltkriege 1914-16. S. 23.
9 Transportstraßenkarte: Reichsarchiv. Der Weltkrieg 1914-1918. Bd. 1. Das deutsche Feldeisenbahnwesen. Kartenbeilagen.
10 Angenehme Unterbrechung: Historische Postkarte Archiv Haff-Verlag.
11 Vor der Abfahrt: Otto Richard Bossert (1874-1919). In: Falke, Gustav: Viel Feind, viel Ehr. Leipzig 1915. S. 48.
12 Abtransport des III/76: IX. Armeekorps auf der Fahrt nach Westen: S. 208 Tafel 28.
13 Sanitäts-Unterstand ...: ebenda.

8 Angst ums Geld
1 Hamburger Börse: Historische Postkarte, Archiv Haff-Verlag.
2 Darlehnskassenschein 1 Mark: ebenda.
3 Darlehnskassenschein 1 Mark: Helmolt, F.: Der Weltkrieg in Bildern und Dokumenten. Folge 1 Leipzig 1914. S. 150.
4 Darlehnskassenschein 2 Mark: ebenda.

9 Kriegerfrauen
1 Neue Frauenberufe: Großer Bilderatlas des Weltkrieges. Erster Band. München 1915, S. 139.
2 Frauen beim Zwiebelschneiden: Welt im Bild. Beilage des Hamburger Fremdenblattes 1918. S.11.
3 Frauenarbeit in einer Militärkonservenfabrik: ebenda.
4 Grafik Eheschließungen ...: Wirtschaft und Statistik. Herausgegeben vom Statistischen Reichsamt. 2. Jahrgang, Nr. 22. S. 781.
5) Reichardt-Kakao Werk Wandsbeck, Speisesaal: Historische Postkarte Archiv Haff-Verlag.